サクッとわかるビジネス教養

マネジメント

遠藤功 監修
経営コンサルタント

新星出版社

はじめに

Prologue

すべてのビジネスパーソンにとって不可欠なスキル。幸せな人生を送りたければ、「マネジメント」を学ぼう！

「マネジメント」という言葉を聞いて、皆さんは何を思い浮かべますか？

中堅や若手のビジネスパーソンの皆さんは、「マネジメントなんて経営者や上級管理職に必要なもので、自分には関係ない」と思う方も多いかもしれません。

たしかに、マネジメントという言葉は一般的には「経営管理」と訳されることが多く、どうしても小難しく、縁遠いものと感じてしまいがちです。

でもそれは大きな間違いです。

実は、マネジメントは年齢や役職に関係なく、すべてのビジネスパーソンにとって必要不可欠なスキルなのです。

仕事に限らず、人生というものは思い通りにはいきません。やりたいことが実現できない、トラブルに巻き込まれる、人間関係がうまくいかない……。

自分の理想通りに事が運ぶのであれば、こんなに楽なことはありませんが、残念ながら現実を見れば思い通りにいかないことのほうがはるかに多いはずです。

しかし、そうした現実を嘆いていてもしようがありません。思い通りにいかないものを、どうにかこうにか「いい感じ」にし、成果を最大化するために必要なスキルこそがマネジメントなのです。

仕事ができる人、仕事ができない人の違いは、実は才能の有無にあるのではなく、マネジメントスキルの高低にあるといっても過言ではありません。仕事で成果を上げ、みんなに認められ、幸せな人生を送っている人は、間違いなくマネジメントスキルに長けています。一方、仕事で成果を上げることができず、人生も充実していない人の多くはマネジメントを軽視し、マネジメントスキルが不足しています。

もしあなたが仕事で成果を上げたい、みんなから認められたい、幸せな人生を送りたいと望むのであれば、マネジメントとは何かを学び、そのスキルを高め、日々実践しなければなりません。

まずは自分自身を「いい感じ」にするセルフマネジメントを実践し、その後、チームの成果を最大化させるチームマネジメントに取り組みましょう。小さなことの積み重ねが、大きな成果につながるはずです。

本書でマネジメントを体系的に学び、ぜひ実践してみてください。

遠藤　功

CONTENTS

サクッとわかるビジネス教養

マネジメント

Chapter 3 チームマネジメントの極意

Chapter 4 何をマネジメントするのか

Chapter 5

デジタル時代のマネジメント

STAFF

デザイン 鈴木大輔・仲條世菜（ソウルデザイン）

イラスト 平井さくら

DTP 高八重子

企画 千葉慶博（KWC）

編集 寺井麻衣

人生は思い通りにならない

人生の山や谷を越えるための最強の武器

　思いがけないトラブルが発生したり、さまざまな壁にぶつかったりと、**人生は自分の思い通りにいかない**ことも多いもの。**自分の持ちうるリソースは限られている**中で、状況を打開するための武器となるのが「マネジメント」。

　思い通りにはいかない人生を「仕方ない」と諦めるのではなく、**マネジメントによって切り開いていきましょう！**

だからマネジメントが必要

マネジメントとは物事を“いい感じ”にすること

心理的なコンディションは?

感情のマネジメント P108

感情をマネジメントして、心のコンディションを整えることが仕事のクオリティ向上につながる

日頃のトレーニングはばっちり?

セルフマネジメント P30

自分で自分を律することがビジネスパーソンとしての基礎体力を作る

クラブの特性を知って使いこなせている?

チームマネジメント P50

特性やスキルをよく知ったうえでメンバーを導き、チームの成果を最大化する!

現在地!

ゴールまでの最適ルートを思い描く

仕事のマネジメント P94

仕事に取り掛かるときはまず段取りから。常に最適ルートを意識しよう

目標や
ゴールは何？

目標・
ゴールの設定 P60

マネジメントは目標を達成するためにある。目標・ゴールの設定がマネジメントの第一歩！

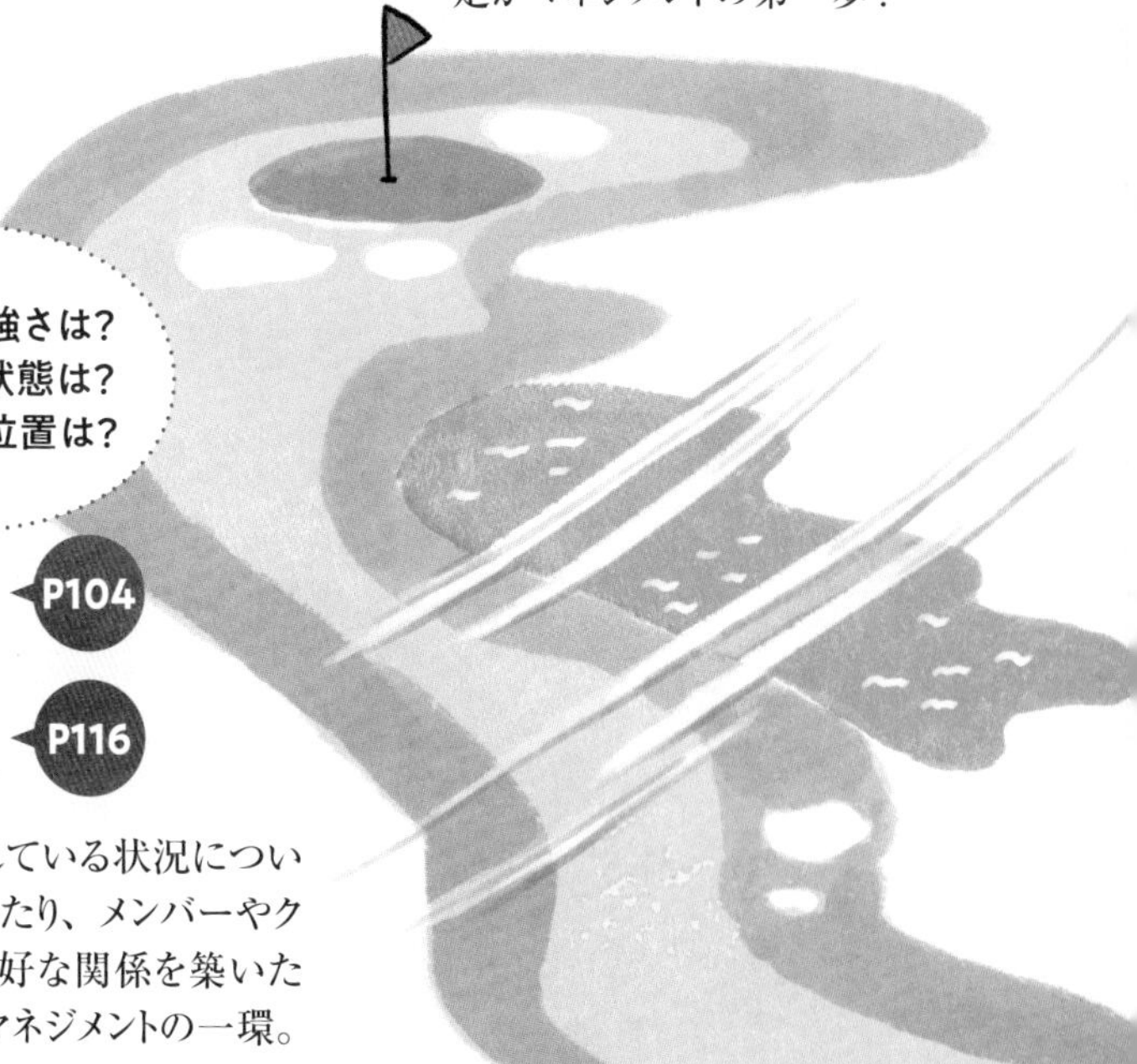

風の向きや強さは？
グリーンの状態は？
バンカーの位置は？

情報の
マネジメント P104

関係性の
マネジメント P116

自分が置かれている状況について情報を集めたり、メンバーやクライアントと良好な関係を築いたりするのも、マネジメントの一環。

マネジメントの考え方は ゴルフに似ている

「マネジメントって何？」という問いに簡潔に答えるなら、**「物事を〝いい感じ〟にする」**ことといえます。目標やゴールを達成するため、**リソースを最大限に活用して最大の成果を出すための手段がマネジメント。**

　ゴルフに例えると、「最小の打数でラウンドを終える」というゴールを目指すため、バンカーの位置やコースの起伏、風の向きといったあらゆる状況を読み、**思い通りにならない中で最適な手を打つ**こと。

　そこには絶対的な正解はありません。だからこそ、「物事を〝いい感じ〟にする」スキルが必要となるのです。

マネジメントとは筋トレである

マネジメントはスマートなビジネススキルと思われがちですが、**実際は筋トレに似た、日々の努力を要する〝行為〟**。アスリートが毎日体を鍛えるのと同じように、ビジネスや日常生活における「物事の最適化」を続けることがマネジメントの本質。**知識を学ぶだけでなく、「習慣化」によって継続的な取り組みにすること**が重要です。

マネジメント七ヶ条

一、「理想の姿」を思い描け

目標なくしてマネジメントはない。まずは、目標となる「理想の姿」を思い描いてみよう。

二、継続が基本にして最重要事項

マネジメントに「終わり」はない。さらなる最適化を目指して継続することが基本であり、最も重要な考え方だ。

三、己に打ち勝つことが結果につながる

目標を達成するためには、怠け心や手抜きを克服しなければいけない。自分で自分を律することが結果を生むのだ。

四、無駄な贅肉《タスク》を削ぎ落とすべし

アスリートに無駄な贅肉がないように、優秀なビジネスパーソンは意味のない無駄なタスクを抱え込まない。

五、「正しいトレーニング方法」を知る

がむしゃらな努力が結果につながるとは限らない。セオリーを知ることで、「努力を最適化」するのも重要だ。

六、鍛える〝場所〟を意識せよ

筋トレをするときに、鍛える筋肉を意識するように、マネジメントするポイントをしっかり意識すべきだ。

七、トレーニング理論は更新される

マネジメントは時代とともに変化してきた。そしてこれからも更新されていくことを知っておかねばならない。

マネジメントという概念を理解するには

マネジメントの概念を理解するのに役立つのが、「環境」「プロセス」「リソース」「感情」の4つの要素を起点として、マネジメントの対象を把握すること。この4つの要素は、下記の図にある「セルフマネジメント」「チームマネジメント」だけでなく、「組織マネジメント」にも応用可能な「四元素」とも呼べるものです。

これからマネジメントについて解説していきますが、各トピックスが「四元素」のどこに当てはまるのかを意識しながら読んでもらえると、マネジメントの概念を体系立てて理解することができるでしょう。

マネジメントの対象例

	セルフマネジメント（Chapter2）	チームマネジメント（Chapter3）
①環境	・仕事をする環境の最適化（整理整頓） ・情報管理	・オフィス環境 ・人間関係
②プロセス	・仕事の手順、優先順位付け	・仕事の「見える化」 ・情報共有 ・成果の「見える化」
③リソース	・タイムマネジメント ・お金のマネジメント	・役割分担 ・やらないことを決める
④感情	・モチベーション管理 ・期待値のマネジメント	・チームの一体感 ・チーム全体のモチベーション

Chapter 1

マネジメントって何？

マネジメントの具体的な手法を知る前に、語源や歴史からマネジメントの輪郭を見ていきます。マネジメントはどのように生まれて、どんな変遷をたどってきたのか。全体像を把握しておくことで、スムーズに理解できるでしょう。

What is management? No.1

語源から知るマネジメントの本質

マネジメントの本質を知るためには、まずその語源の意味からたどっていくのがわかりやすいでしょう。「management（マネジメント）」という英単語の語源はラテン語の「manus（手）」。そこから「mano（操縦する）」、さらに「manege（馬の手綱捌き）」と変化していき、「manage（うまく扱う、どうにかする）」という意味になりました。

そして、現代英語の**「manage to～＝難しいことをなんとかする」が、本書で解説していく「マネジメント」の本質**。仕事や人間関係のほとんどは、〝馬〟のように自分の思い通りにはなりません。**それらを「どうにかこうにかいい感じにする」のが、マネジメントのスキル**なのです。一般的には、上級管理職や経営層に必要なスキルだと思われがちですが、**目の前の仕事や人間関係、コミュニケーションなどを「いい感じ」にするため、すべてのビジネスパーソンにマネジメントスキルが必要**であるといえます。

ビジネスで成功を収めたい、または、達成したい夢や目標があるのなら、マネジメントの本質を理解し、そのスキルを高めることが自己実現の一歩となるのです。

思い通りにならないものを「どうにかする」のがマネジメント

manus

ラテン語で「手」を意味する。「手で馬を巧みに扱う」ことが「manage」の語源とされている。

manage

「管理する」と訳されることが多いが、本来的には「どうにかしてうまく行う」という意味を持つ。

マネジメントは「時間管理」から始まった

時間を基準として、労働者やその生産プロセスを管理することを提唱したのが、アメリカの技術者であり経営学者の**フレデリック・テイラー**です。**彼が発案した「科学的管理法」が、マネジメントの源流**だとされています。

当時の生産現場は、労働者が組織的怠業を行うなどして、生産が安定しないという大きな課題を抱えていました。そこでテイラーは、優秀な労働者の作業を観察し、**「作業」を「動作」レベルに細かく分解**。各動作にかかる時間を**ストップウォッチで計測し、「標準的作業時間」を導き出しました**。そして、標準的作業時間をもとに、1日あたりの作業ノルマを設定。同時に、作業方法の標準化も行いました。生産現場の作業工程に、「管理」という概念を持ち込んだことによって、生産性は著しく向上。テイラーの大きな功績となりました。

その一方で、行き過ぎた効率至上主義は「労働者の人権を侵害している」と非難されるようになり、組合からの大きな反発を招く結果となりました。そういった過程を経て、**マネジメントの概念は「管理一辺倒」から「最適化」へと変化**していくのです。

サクッとわかる「科学的管理法」

マネジメントの源流である、テイラーの「科学的管理法」を詳しくチェック。
現代のマネジメントに通じる部分もあるかも……？

フレデリック・テイラーってどんな人？

機械工見習いからエンジニアになり、働きながら科学的管理法を実践して、優れた業績を上げた。生産プロセスに「科学」を持ち込み、合理的な作業手順や基準の導入を提唱した、「科学的管理法」の父。

フレデリック・W・テイラー
(1856-1915)

科学的管理法のここがすごい！

科学的管理法の3つの原理に基づいて、
どこがすごいのかを解説します。

1 「課業管理」で生産現場に革命を起こした！

感覚頼りだった生産現場に、時間研究と動作研究を持ち込み、1日の公平な作業量（課業）を規定した。

2 現代でいう「作業マニュアル」を作った！

労働者の動作を徹底的に観察。熟練工の動きをもとに、作業に最適な作業手順や道具を明確にした。

3 生産性を高めるために最適な組織形態を作った！

生産計画立案・管理を行う部署を作って、生産計画を現場から分離。「職能別組織」の原型を作った。

巨大企業の誕生により高度なマネジメントが必要に

１９２０年代——経済が繁栄し、大量生産・大量消費の時代に入ったアメリカでは、巨大な企業が続々と生まれます。

その背景には、**19世紀末から活躍しはじめた卓越した実業家たちの存在がありました。**アメリカの石油市場を支配した「スタンダード・オイル」の創業者、ジョン・ロックフェラーや、鉄道への投資で財を成し、「カーネギー鉄鋼会社」で成功を収めた、〝鉄鋼王〟アンドリュー・カーネギーらが代表格。

彼らの手腕で大きく成長したこれらの企業は、企業合併を繰り返して巨大企業となり、その結果、経営の複雑性と難易度が以前よりもはるかに高まりました。そして、**より高度なマネジメントが必要になったのです。**

こうした時代のニーズに呼応するかのように、アメリカではマネジメント教育が普及していきました。１９２１年にハーバード大学が2年間のＭＢＡプログラムを開設したのをきっかけに、有力大学はこぞってビジネススクールを開講。**マネジメントは学問の色を強め、チェスター・バーナードやドラッカーらをはじめとした、優れた経営学者による研究結果が花開いていきます。**

マネジメントの進化に関わる3大トピック

巨大企業の誕生をきっかけに経営の複雑化が進みました。
それに伴い、マネジメントはどのような進化を遂げたのでしょうか。
3つの重要トピックから読み解きます。

① 巨大企業の誕生

1920年代のアメリカでは、大衆消費社会が顕在化。企業は生産力を高めるため、水平的・垂直的合併を繰り返した。その結果、この時代に巨大企業が次々と誕生した。

合併により
経営はどんどん
複雑に…

② ビジネススクールの勃興

複雑極まる巨大企業経営のため、経営に関する知識を身に付けたマネジメント人材の需要が高まる。ビジネススクール自体は1881年からあったが、この時代に数を増やし、ハーバード大学などがMBAプログラムを開設した。

Harvard
MBA人気が
高まる!

③ 「組織」への注目が高まる

企業の規模が大きくなるにつれ、組織が肥大化し、管理すべき要素も増えた。「コミュニケーション」「共働の意欲」「共通の目標」といった観点から、組織を見渡す必要がでてきた。

新しい観点で
組織を考察!

チェスター・I・バーナード
(1886-1961)

「マネジメント＝管理」ではなくて、「マネジメント＝最適化」

P16で述べたように、マネジメントの本質とは「思い通りにならないことや、難しいことをなんとかやり遂げる」ということ。しかし、一般的に「管理」と解釈されることが多々あります。

事実、**マネジメントには管理的な役割も含まれますが、それはあくまで一部分に過ぎません。**マネジメント本来の目的は、「不測の事態やトラブルが起きないように管理する」ことではなく、**「組織やチーム、個人のパフォーマンスを最大化するために最適化を図る」こと**なのです。

このように考えると、〝マネージャー〟とは「管理者」「管理職」ではなく、「目的を達成するために、どうにかこうにか最適化させる人」と理解する必要があります。

最適化を図るうえで心掛けたいのが、**「部分最適（局所最適）」や「現状最適」に陥らないようにすること。**最適化とは、全体のバランスがとれている状態を指します。様々な観点から全体を俯瞰して、自チームの最適化が他チームのロスを生んでいないか、また、未来への投資を避けていないかをチェックし、最適化を続けることが重要です。

管理と最適化の違い

管理

ルールやノルマによって、現場を管理することは欠かせない。しかし、「管理だけ」の現場では、現状維持が主となり、仕事の効率化や合理化は生まれにくい。

目標は
クリアしたか？
ミスはないか？
規則は
守っているか？

最適化

リーダーが現場を俯瞰して、業務ルールの見直しや、メンバーの能力を活かすための仕組み作りに取り組むことで、パフォーマンスを最大化する。

目標設定は
適切？
ミスを減らすための工夫は？
運用ルールに
無駄はない？

最適化の落とし穴

部分最適＞全体最適

自部門やチームなど、社内の一部だけで最適化を進めた結果、全体で見れば大きなロスがあるという「部分最適」「局所最適」に注意しなければいけない。

営業部
企画部
総務部

現状最適＞未来最適

目先の利益を最大化させるために、行うべき投資を抑制する「現状最適」も、多くの人が陥りがちな罠。将来を見通した投資を行う「未来最適」を心掛けたい。

ぼや――…
未来
今
今

マネジメントを「単位」と「対象」で捉える

マネジメントを実践するためには、「単位」と「対象」という観点からの理解が欠かせません。

まず、**マネジメントの最小単位は「自分」、そこから「チーム」、「組織」と単位が大きくなっていきます**。最初に実践すべきは、最小単位である「自分」をマネジメントする「セルフマネジメント」。自分のことをマネジメントできるようになってはじめて、より大きな単位である「チーム」や「組織」のマネジメントが可能になるからです。

では、自分やチームをどのようにマネジメントすればいいのか――それは、「マネジメントの対象」を知ることで見えてきます。

主な**マネジメントの対象として挙げられるのが、「時間」「仕事・タスク」「感情」「人間関係」など**。例えば、「時間」をマネジメントするなら、1日24時間という限られたリソースを、いかに〝いい感じ〟に配分するかを考えることを指します。

なかなか思い通りにいかないこれらの対象を、どうにかこうにかして〝いい感じ〟にすることが、まさにマネジメントそのものであるといえるでしょう。

マネジメントの単位

小　→　大

自分

マネジメントの「最小単位」にして、マネジメントの基本。

P30へ

チーム

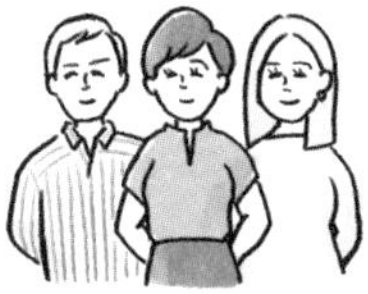

思い通りにならない他人をマネジメントするのは容易ではない。

P49へ

組織

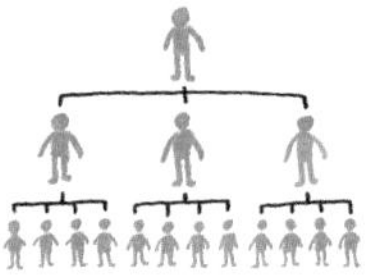

様々な人や思惑の中で、“いい感じ”を実現するのは難易度が高い。

マネジメントの主な対象

時間

「1日24時間」は変えられないため、時間のマネジメントはすべての基本となる。

P90へ

仕事・タスク

与えられた仕事やタスクをただこなすのではなく、最適化する必要がある。

P94へ

感情

感情をマネジメントできなければ、仕事で不利益を被ることが増えてしまう。

P108へ

人間関係

人間関係を“いい感じ”にすることで、効率化されることは多い。

P116へ

マネジメントの考え方・手法・ツールは時代とともに移り変わるもの

大量生産・安定生産を実現するために、テイラーが生産現場に「科学的管理法」を持ち込んだことでマネジメントという考え方が生まれました。そして、マネジメントは時代の変化とともに、その対象を広げ、進化し続けなければいけない運命にあります。

例えば、時間や業務、人といったマネジメントの対象に加えて、**今ではビジネス上のリスクや情報・データ、仕事環境、人の感情なども重要なマネジメント対象**に。

また、社会情勢の影響でリモートワークが普及すれば、**既存のマネジメント対象だった「部下（人）」についても、マネジメントの手法を改める必要が出てくる**でしょう。DX※の普及により、新たなデジタルツールがビジネスの現場に取り入れられていくことも、マネジメントの手法に影響を及ぼしています。

さらに、これまでは企業がそれぞれの売上や利益を最大化することを考えればよかったのが、**SDGsへの取り組みが社会に広がるにつれ、「社会全体の最適化」や「地球全体の最適化」が求められる**ように。マネジメントはもはや、現代人にとってなくてはならないものとなったのです。

※DXとは「デジタルトランスフォーメーション」のこと。
デジタル技術によるビジネスや生活の変容を指す

新たなマネジメント対象の例

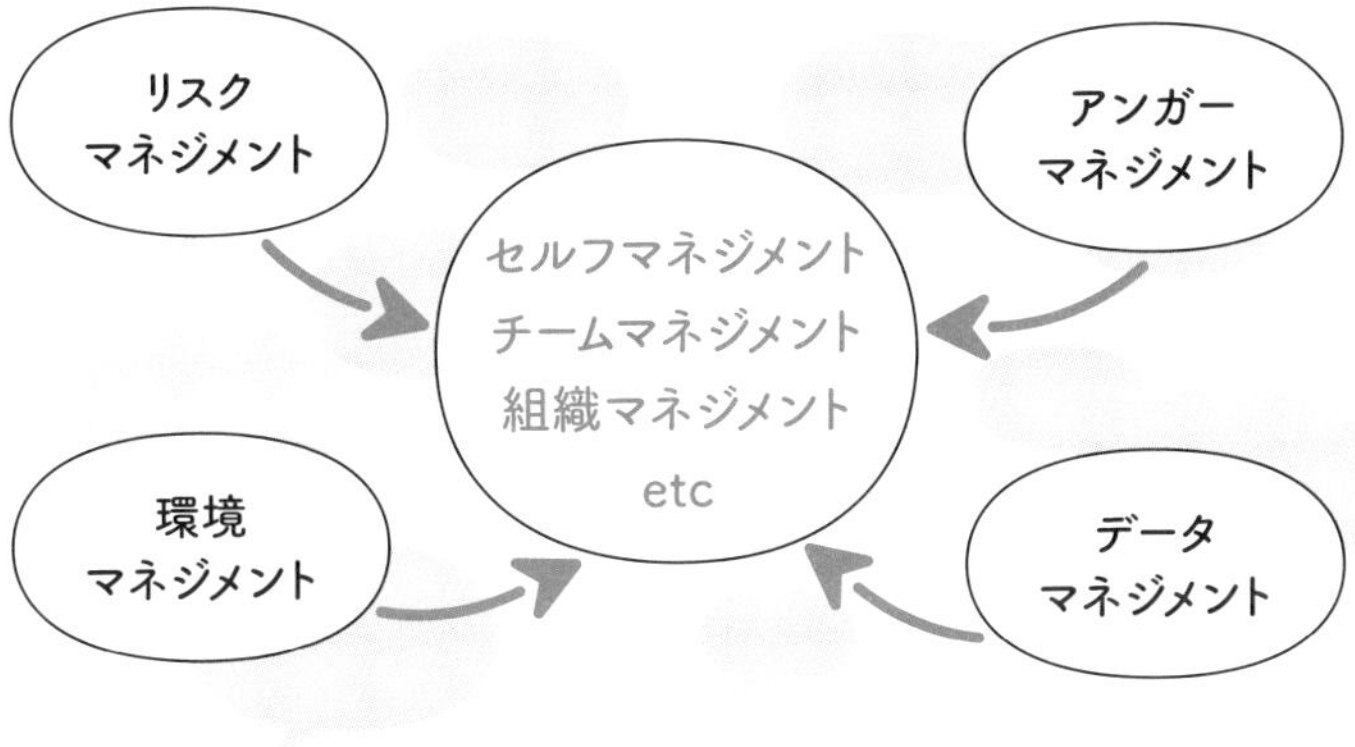
リスク
マネジメント
アンガー
マネジメント
セルフマネジメント
チームマネジメント
組織マネジメント
etc
環境
マネジメント
データ
マネジメント

DXによって"変わる"マネジメント

リモートワークは損する? 得する?

リモートワークを導入すれば通勤時間が削減できるうえ、働き方も調整しやすくなる。一方で、リモートが不向きな人は仕事の効率が低下し、損してしまう。

P126へ

デジタルツール使いこなしてる?

デジタルツールを使いこなして仕事を効率化することはもはや必須。特にチームマネジメントを行う際に、自分ひとりだけツールが使えないのは致命的だ。

P140へ

対面とリモートはどう使い分ける?

DXが進んでも、100%リモートを実現するのは難しい。チームをマネジメントするうえで、対面とリモートをうまく使い分けることが鍵となってくる。

P142へ

顔が見えない相手をどうマネジメントする?

リモートワークが進むと、マネジメントする相手の顔や様子が見られないため、オフィスに出勤していたときとは違うマネジメント技術が求められるように。

P130へ

Management Column - 02

ドラッカーの『マネジメント』って?

マネジメントと聞くと、多くの人がP.F.ドラッカーの著書を思い浮かべるでしょう。ドラッカーの代表作でもある『マネジメント』は、企業や政府機関、大学といった組織の経営をテーマとした書籍。企業組織のためのマネジメントスキルを中心に、マネジメントが必要な理由やその役割、企業の存在意義などについて語られています。

従来の全体主義的な組織運営の手法を改め、自律した組織の重要性を説いています。

『マネジメント』の中で語られている考え方は、すべてのビジネスパーソンにとって参考となる、本質的かつ普遍的なものであり、今日に至るまで名著として読み続けられています。

P.F.ドラッカー
(1909-2005)

P.F.ドラッカーってどんな人?

経営コンサルタント、経営学者。「マネジメント」の理論を生み、世界中に大きな影響を与えた。「分権化」「民営化」「知識労働者」などの重要な経営コンセプトを生み出した。「マネジメントの父」と呼ばれる。

Chapter 2

セルフマネジメントの極意

マネジメントの基礎となる「セルフマネジメント」について解説します。キーワードとなるのは、「重点思考」「整理整頓」「ルーチン」。最も身近な存在である「自分自身」からマネジメントをはじめてみましょう。

セルフマネジメントが

できていない人

マネジメントの最小単位となる「セルフマネジメント」。
自分自身の仕事や生活を最適化できるかできないかで、
仕事のパフォーマンスは大きく変わってきます。

うっかりミスが重なって今日も残業……
タスク管理が苦手でキャパオーバーしがち
深夜までゲームをしていて睡眠不足
事務作業をよく忘れる要注意人物
マストではない資料作成に半日かかっている
COOL

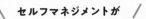

セルフマネジメントが

できている人

メールや電話が増える
コアタイムまでに
事務作業を終わらせている
生産性の低い
作業にはなるべく
時間を使わない
タスクに
優先順位をつけて
効率よく
仕事を進める
仕事が早くて正確
なので社内での
信頼が厚い
早寝早起きで
コンディション
完璧

セルフマネジメントでパフォーマンスを最大化する

セルフマネジメントの目的を知る

マネジメントをはじめるにあたって、**最初の対象となるのが「自分自身」**。自分自身を最適化できてこそ、チームや組織のマネジメントが可能となるのです。

セルフマネジメントの目的は「自分自身のパフ

マネジメントの4大要素

1 時間

セルフマネジメントの基本であり、
最も重要なリソース。
時間の浪費をなくすことが、成果に直結する。

常に時間を意識しよう

2 仕事

目の前にある仕事を
ただこなしているだけでは、
「マネジメントできている」とはいえない。
「どのように取り組むか」がポイントだ。

段取りと準備が命！

パフォーマンスを最大化するセルフ

3 環境

環境を整えることで、
パフォーマンスは向上する。
環境を見直すことがマネジメントの第一歩。

デスクは
いつもきれいに

4 人間関係

仕事の成果は、
人と人のつながりから生まれるもの。
人間関係を軽視していては、
良い仕事はできない。

思いやりを
忘れずに

ォーマンスを最大化」させること。人生において、達成したい夢や目標がなければ、マネジメントは必要ありません。しかし、仕事で何かしらの結果を残したいのであれば、セルフマネジメントは必須。仕事環境や時間、人間関係、仕事の手順・段取りなど、パフォーマンスを最大化するために必要な要素を「いい感じ」にして、成果を高める努力をする必要があります。**ビジネスで成功した人は、すべからく「セルフマネジメントの達人」**なのです。

TOEIC
850点!
目指せ!
グローバル人材!
TOEIC
限られたリソースを重要なことに集中投下

セルフマネジメントの基本❷

「重点思考」で不必要な物事を捨てる

目標達成のためにリソースを重点投下

お金や時間がたっぷりあれば、「最適化」せずとも、夢や目標の実現に注力することができます。しかし、お金や時間などのリソースは有限。**限られたリソースを駆使して、目標達成を目指さなくてはいけない**のが現実です。

さようなら…
いやしのネコ動画と
B級サメ映画…

時間を「奪われている」ことを自覚する

SNSチェックやWeb動画の視聴といった何気ない習慣に、思ったより時間を「奪われている」ことは珍しくない。そうした時間をゼロにするのは難しいが、無自覚な浪費を減らすことが、セルフマネジメントの第一歩なのだ。

その際に重要なのが、**「重点思考」**。夢や目標の達成のために本当に大事なことを見極めて、重点的にリソースを投入し、不必要なことは捨てるという考え方です。「仕事がつまらない」「成長が実感できない」という人は、何が本当に大切なのかが曖昧なまま、大切ではないことに時間をかけてしまっている可能性があります。

不必要なことを捨て、重要事項にリソースを集中させるのは、マネジメントの基本中の基本です。

セルフマネジメントの基本③

セルフマネジメントの原則は「2S＝整理整頓」にある

マネジメントされていない状態

経費の清算
ゲームのイベント
汚い
打ち合わせのセッティング
ティッシュ買わなきゃ
ごちゃっ…
準備
メールの返信
企画書
SNSが気になる
社内mtg用の資料作成

仕事が忙しいと、「一体何からはじめればいいんだ」と混乱しがち。そのまま仕事を進めずに、一度立ち止まって「2S」のための時間を確保しよう。

まずは頭の中の整理からはじめる

セルフマネジメントができていない人に多いのが、**自分がやらなければいけないタスクが整理整頓されていない**というパターン。今日やらないといけないタスク、本当はやる必要のない作業、仕事には関係のないプライ

STEP1

整理

1日でできることは限られている。今やらなくていいことを捨てるのはもちろん、自分にとって重要な仕事を見極めて、他の人に任せられることは頼むのも一手。

STEP2

整頓

整理したタスクを整頓していく。当日中に終わらせる短期タスクや、今週・今月中に終わらせる中期タスク、資格の勉強などの長期タスクなどに分類して、優先順位を付ける。

ベートの用事や娯楽などが一緒くたになっているせいで、**「何をすればいいかわからないまま、時間が過ぎていく」という状態に陥ってしまう**のです。

「重点思考」を実践するには、さまざまなタスクで雑然としている頭の中を整理整頓するのが最初の一歩。整理とは不必要なタスクや重要ではない作業を捨てること、整頓は残ったタスクに優先順位をつけて整えることを指します。この**「整理整頓=2S」がセルフマネジメントの大原則**です。

それって つまり？

「2S」とはタスクもデスクもきれいに保つということ

物理的な2Sが実践への第一歩

「セルフマネジメントをはじめる！」といっても、何から手を付ければいいのか迷ってしまいます。おすすめなのが、ToDoリストに落とし込んでタスクを整理整頓し、「見える化」することや、仕事用のデスクをきれいにするといった物理面からのアプローチ。

ToDoリストを作るようになれば、やるべきタスクを把握する習慣が自然と身につき、日々

「2S」の実践①
タスクをToDoリストに落とし込む

3つのポイントをおさえてToDoリストを作れば、自分が今何をすべきなのかが、「見える化」できる。

A
- ★ **資格の勉強**
- ● **請求書の整理**

B
  - 未提出者のチェック
  - 不備がないか確認
  - ファイリング

- ● **備品の補充**

C
  - ~~○○部の文房具の補充~~
  - 在庫を確認して、注文も

A タスクを中長期的テーマと短期的テーマに分類
1週間～数ヶ月にわたる中長期的テーマと、数日間で完了させる短期的テーマは、取り組み方が異なるので分類する。

B タスクを作業レベルに分解する
ひとつのタスクは複数の作業で構成されている。作業レベルに分解することで、ミスや作業時間の見込み違いを防げる。

C 完了したタスクを消し込むのをゴールに
書き出したタスクが完了したら上から線を引いて消し込む。完全に消さないことで、過去の仕事を振り返ることができる。

「2S」の実践②

デスクの整理整頓で「2S」の力を実感

ToDoリストと並んで、2Sの力を実感できるのがデスクの整理整頓。
良い仕事はきれいなデスクで生まれる!

よく使う資料のみ残して、
他は本棚に収納
卓上にあるのは
最低限の物だけ
引き出しの中身は
分類済
いつからあるのか
わからない書類
飲み残しの
缶コーヒー
引き出しの中は
ブラックホール

After

- 必要ないものが置かれていない(整理)
- 何がどこにあるのか把握している(整頓)

仕事をしやすい環境が整っている!

Before

- 物が多くて乱雑
- 資料探しで時間をロスすることが多い
- 終わったプロジェクトの書類を放置
- 失くし物が多い

の仕事を効率良くこなせるようになるでしょう。

また、**デスクがきれいになれば、書類の紛失や提出漏れといったミスを防げるほか、それまで探し物などに費やしていた無駄な時間を削減**することもできます。

このように、まず身近なところから2Sを実践して習慣化していくと、将来の目標を見据えたうえでの仕事の取捨選択、チーム内でのタスクの振り分けといった、より高度なマネジメントができるようになっていくのです。

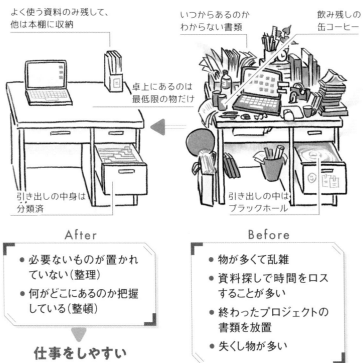

セルフマネジメントの基本④

日常生活にルーチンを作ることが「自律」への一歩

6

時間による管理を第一原則とする

テイラーが科学的管理法において時間を基準としたのは、時間だけがすべての人にとって平等に与えられた資源だから。マネジメントの歴史を振り返ると、時間による管理を第一原則とすべき理由が見えてくる。

ここは絶対に動かさない!
午前中は生産性の高い仕事に集中!

ルーチンを作って自分の行動を律する

「今日からきちんとしよう」というモチベーションを継続させるのは、なかなか難しいもの。**基本的に怠惰な生き物である人間（自分）を律するには、規則正しい習慣を形成するのが有効です。**

「今日は午前中の会議が

自由時間も
有意義に
過ごしたい
P90へ
24
カフェで1時間
勉強タイム
18
「終わるまでやる」はNG
ランチも
決まった時間に
12

決めたルーチンは
なるべく変更しない

ルーチンを頻繁に変更していては、ルーチンの意味がなくなってしまう。効率的なルーチンを決定するまでは試行錯誤してもいいが、一度決めたルーチンをそのときの都合で変えないように。

ないから、少し寝坊してもいいや」などと、ついつい自己管理がゆるんでしまわないように、ルーチンを形成。そして、その枠内で仕事やタスクを〝いい感じ〟に収めるのがセルフマネジメントの基本となるのです。また、コンディションを良い状態に保つのにも、ルーチン形成は役立ちます。

　ルーチンを形成するというのは、毎日の生活を規則正しく「整える」ということ。日常の小さな積み重ねから、大きな成果が生まれるのです。

それって つまり？

ルーチンを作れば やるべきことがクリアになる

ルーチンの実践① スタートとゴールを決める

TODA
タイムリミットを常に意識！
START
AM 7:00
GOAL
PM 11:30

繁忙期などで仕事に追われていると、普段よりも多くのタスクをこなせた、という経験はありませんか? 締切を設定することでパフォーマンスが上がる人こそ、ルーチン形成は効果を発揮します。「午前中まで」「11時まで」など、具体的なタイムリミットを意識することで、時間を有効活用できるはずです。

ルーチンによって"勝手に効率化"する

ルーチンの形成は、怠けそうになる自分を律する以外にもメリットを発揮します。

まず、**起床時間と就寝時間を決めて1日のスタートとゴールを強く意識する**ことで、時間を有効活用することができます。スタートについては始業時間があれば意識しやすいですが、ゴールについては「睡眠時間を削れば」と考えがち。ゴールを定めることで「ダラ

ルーチンの実践②
意志だけに頼らずに環境を利用する

例えば…

打ち合わせにはなるべく朝早い時間を設定する

習慣化アプリを使う

決まった時間にスマホやPCの電源を落とす

「意志が弱くて、ルーチンを継続することが難しそう」という人は、ルーチンを実践し続けられる環境作りを心掛けてみてください。苦手なことも“どうにかこうにかする”のがセルフマネジメントの極意。「どうすればできるのか」、考え方を切り替えてみることが重要です。

あの有名人もルーチンを実践している

ルーチンの実践者として有名なのが、元プロ野球選手のイチロー氏。毎朝カレーを食べ続ける、同じバットを使い続けるといった彼のルーチンは、日々の生活のストレスを軽減するためのものであり、「自律の徹底が結果につながる」という信念に基づいたものだったそうです。

ダラ仕事」を減らせるようになるでしょう。

また、ルーチンがあれば、自分が何をするべきかをいちいち決断しなくて良くなるため、最低限の負担で効率化された行動をとることが可能になります。さらに、**ルーチンを実践するための環境作りにも工夫**をすれば、成功率がアップするはずです。

元プロ野球選手のイチロー氏をはじめ、**多くの著名人らがルーチンを実践**していることからも、その有用性が伺えます。

セルフマネジメントのTips1

小さなことをないがしろにしない

セルフマネジメント上手になるためのコツをご紹介。
「当たり前のこと」、きちんとできていますか?

1

早寝早起きを続ける

睡眠をしっかりとることで体調が整う、好ましいルーチンを形成できるなど、早寝早起きには様々なメリットがあります。また、早寝早起きを継続するために、深夜残業を避けたり、飲み会を早めに切り上げたりすれば、自然と有意義な時間の使い方ができるように。

2

いつでも、誰にでも挨拶

明るく爽やかな挨拶は、挨拶をした相手だけでなく、周囲の人にも好印象を与えます。「今日は疲れているから」と挨拶をさぼっていては、印象アップの機会を逃してしまうことに。いつどこで誰に会っても、気持ちのいい挨拶ができるよう心掛けましょう。

「小さなこと」は、一見当たり前で些細なことなので、「そんなことわざわざ言われなくてもわかっている」と感じる人も多いかもしれません。

しかし、**実践できている人はそう多くないのが現実**。一つひとつは小さなことでも、それらの重要性を認識したうえで、実践し続けるのはそう簡単ではないのです。それは裏を返せば、**小さなことを実践し続けるだけで、他の人と差をつけられる**ということを意味します。

こうした小さなことの積み重ねで得た信頼がチャンスを呼び、そこで成果を出すことがより大きなチャンスへとつながります。

3

ささいなことでもお礼を伝える

出張先のお土産をもらったり、電話を取り次いでもらったりといった、ささいなことは何気なく受け流してしまいがちです。しかし、どんなにささいなことでもきちんとお礼を伝えるようにしていれば、「あの人は礼儀正しい」「誠実な人だ」と信頼感が得られます。

4

小さな約束を必ず守る

仕事が立て込んでいると、ちょっとした頼まれごとや約束ごとを「催促されていないから」とうやむやにしてしまいたくなることがあります。しかし、ちょっとしたことにこそ、人間性が表れるもの。小さな約束だからこそ、守らなければいけないのです。

セルフマネジメントのTips2

セルフマネジメントで「空気が読めない」を解決

「空気が読めない」のは仕方ない?
いえ、これもセルフマネジメントで解決できます。

「空気が読めない」ってどういう状態?

「空気が読めない」という状況は、多くの場合、「場の目的」が理解できていないことに起因します。感情の機微に疎いために「空気が読めない」ことよりも、打ち合わせの目的や、商談の着地点を理解できていないことのほうが致命的です。

場が求めること

前回のミーティングで決まったことを踏まえて、発展的な意見がほしい

それに対して…

そもそも
これって…
前回の意見を
ふまえまして…
「空気が読めない」
とみなされる
その話は前回で
終わってる
んだよな〜
「空気が読める」
とみなされる
うんうん、
なるほど。
前回から考えを
深めてくれてるな

空気が読めないと、ビジネスの場において様々な不利益を被ってしまいます。その場で求められていない発言でミーティングの雰囲気を乱してしまったり、自分にとっては思いがけないことでクライアントを怒らせてしまったり……。そもそも、自分が「空気を読めていない」ということに気づけていないケースも少なくありません。

　そして、空気を読む能力は先天的な才能と考えられがちですが、実は「場の目的と自分の役割」をマネジメントすることで解決可能。**「空気が読めない」の理屈がわかれば、自ずと解決方法が見えてきます。**

「場の目的」と「自分の役割」をマネジメントする

「空気を読む」ためには、「場の目的」と「自分の役割」を理解して、その場に自分を最適化させるのがポイント。空気を読むのが苦手な人は、打ち合わせなどの前に、その場の目的を参加者に確認するのもいいでしょう。

STEP 1

「場の目的」を理解する

何のための集まり？
達成するべき目標は？
時間はどれだけある？

「何を決めるべきなのか」「結論出しと議論のどちらが求められているのか」「時間はどのくらいかけられるのか」といった“場の目的”を理解することで、場にふさわしい発言ができるようになります。

STEP 2

その場で求められる「役割」を理解する

調整役
アイデアマン
サポーター

自分が一番若手ならフレッシュなアイデアを、中堅ポジションなら場の調整役を、というように、その場に参加している人たちを見渡せば、自分がどのような「役割」を期待されているかが見えてきます。

Management Column - 03

マネジメント能力をチェックしてみよう

マネジメント能力にはレベルの高低があります。そこで、マネジメントを実践する前に、まずは自分の立ち位置を確認するためにマネジメント能力のチェックをしてみましょう。

- **チェックの数が9個以上**
  マネジメントレベル高め。自信を持って実践しよう！
- **チェックの数が5 ～ 8個**
  マネジメント中級者。できることを増やしてレベルアップ！
- **チェックの数が4個以下**
  マネジメントレベル低め。まずはセルフマネジメントからスタート！

マネジメント能力チェック！

- ☐ 計画通りに行動できる
- ☐ 整理整頓が得意
- ☐ 規則正しい生活ができる
- ☐ 達成したい夢や目標がある
- ☐ 時間を無駄遣いしない
- ☐ 合理的な判断が得意
- ☐ 人をよく観察する
- ☐ 感情的になりすぎない
- ☐ 人を思いやるのが得意
- ☐ タスクを常に把握している
- ☐ 優先順を決めるのが得意
- ☐ 目的意識が強い

Chapter 3

チームマネジメントの極意

他者をマネジメントしなければいけないため、「セルフマネジメント」より難易度が高くなる「チームマネジメント」。簡単に思い通りにならない他者をどのようにマネジメントすればいいのか、その極意を解説します。

チームマネジメントが

されていない「集団」

ただ人が集められただけの集団を「チーム」とは呼べません。
マネジメントによって「集団」は「チーム」へと変身し、
その力を最大限に発揮することができるのです。

メンバー同士のコミュニケーションが希薄
メンバーに適切な役割が与えられていない
リーダーがゴールを示さない
自由に意見をぶつけ合うことができない

チームマネジメントが

されている「チーム」

リーダーが示した
ゴールに対して
メンバー全員が
共感できている

メンバー同士が
信頼関係で
結ばれている

衝突を恐れずに
意見交換ができる

メンバーの個性や
長所に合った役割が
与えられている

チームマネジメントの基本①

チームマネジメントで「集団」を「チーム」へと変身させる

ただの「集団」だった5人

クライアントに
「面白い!」と言わせる
アイデア出しなら
任せて!

普通のチームと最適化されたチームの違い

25の力を持つメンバー4人がいるとして「普通のチーム」では25×4=100だが、「最適化されたチーム」は、相互作用で100以上の力を発揮できる。

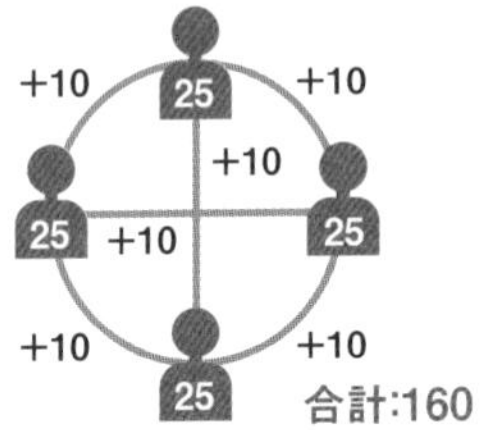
25
25
25
25
+10
+10
+10
+10
+10
+10
合計:160

人が集まればチームという考えは誤り

ある目的を遂行するために集められた複数名を、「チーム」と思い込みがちです。しかし、共通の目標や役割分担が決まっておらず、何も成し遂げていない人たちは**「チーム」ではなく、ただの「集団」**にすぎません。

各人の長所や強みを活かし合える「チーム」に 変身!

みんなの得意分野を取りまとめて、この商談を絶対に成功させる!
得意の人脈作りで、クライアントのキーマンは掌握済みだよ~
成約の確度を上げるために、意思決定者を探っている……
データ分析によるエビデンスで、提案内容の信頼性を担保するわ

集団をチームにするには、【共感できる目的の設定】【明確な役割分担】【一緒に汗をかく】【小さな成功体験の蓄積】といった工程による、**チームビルディングが必要。**

「集団」は単なる人の集まりですが、**「チーム」はリーダーのマネジメントのもと、メンバーの能力を活かし、さらに相互作用を生み出すことで、成果を最大化**させます。

つまり、リーダーは自分の属する集団をチームにするためのマネジメントを行う必要があるのです。

The basic of Team-management No.1

どうすれば「集団」を「チーム」にできるのか

チームマネジメントの実践①
チームマネジメントの主な要素

チームマネジメントを行ううえで重要な、
4つの要素を解説します。

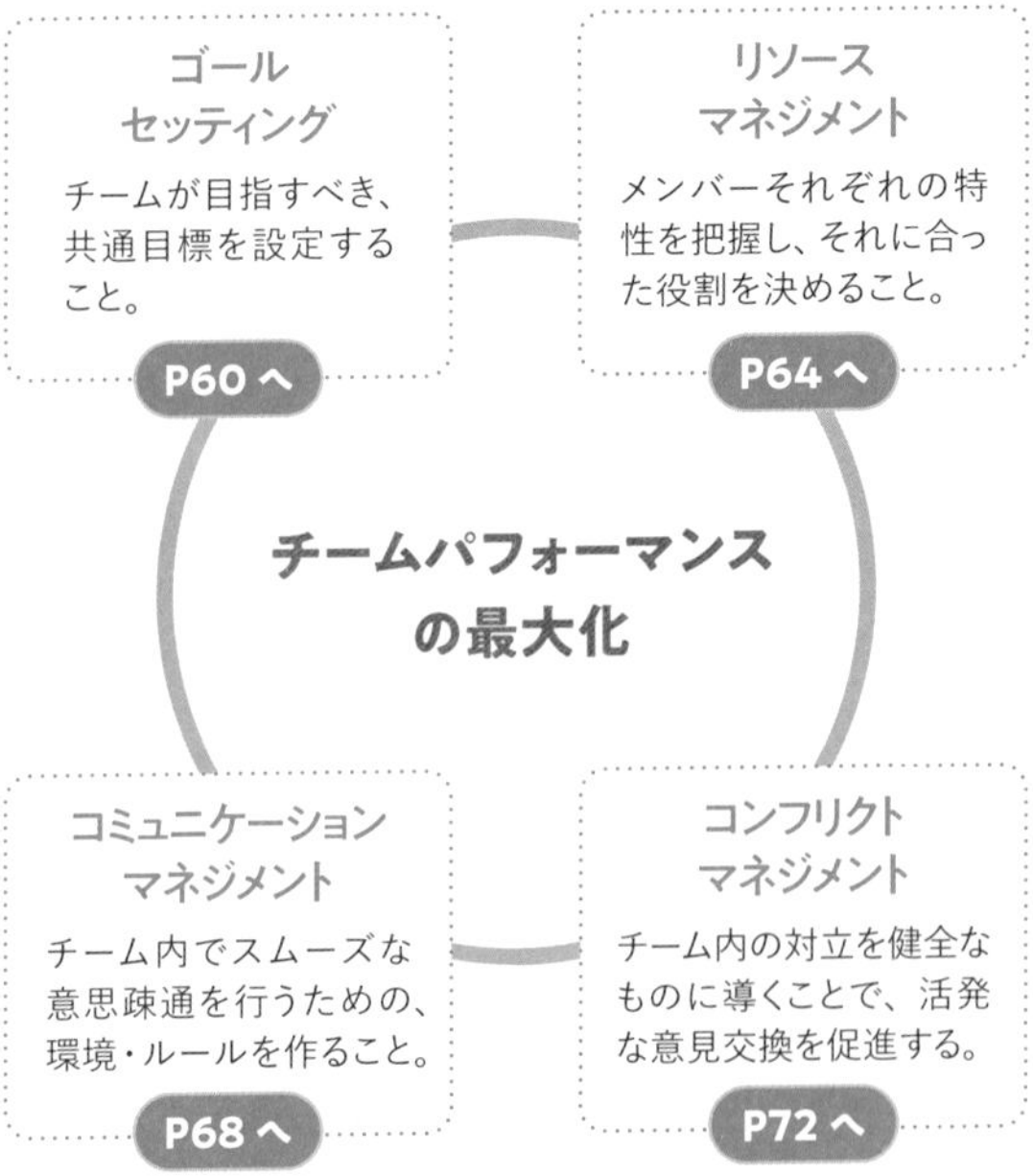
ゴールセッティング
チームが目指すべき、共通目標を設定すること。
P60へ
リソースマネジメント
メンバーそれぞれの特性を把握し、それに合った役割を決めること。
P64へ
チームパフォーマンスの最大化
コミュニケーションマネジメント
チーム内でスムーズな意思疎通を行うための、環境・ルールを作ること。
P68へ
コンフリクトマネジメント
チーム内の対立を健全なものに導くことで、活発な意見交換を促進する。
P72へ

チーム形成の鍵は互いを理解すること

　チームのパフォーマンスを最大化するには、**「ゴールセッティング」「リソースマネジメント」「コミュニケーションマネジメント」「コンフリクトマネジメント」といった要素が重要**となります。また、集団を一足飛びにチームにすることはできないため、チームビルディングという工程が必要です。

　チームビルディングの初期段階である形成期に

チームマネジメントの実践②

チームビルディングには「ゲーム」が有効

形成期においては、とにかくメンバー間の
コミュニケーションを促進することが重要。
そのために有効なのが、簡単なゲームです。

ゲームを使った初期のチームビルディング例

ジェスチャーゲーム

1人のメンバーが出されたお題をジェスチャーで表現し、他のメンバーがお題を当てるゲーム。親近感の向上や相互理解につながる。

ペア探しゲーム

自分のカードと同じ言葉や絵柄のカードを持っている相手を探すゲーム。会話を通してメンバー同士のコミュニケーションを促進する。

ブロック遊び

与えられたお題に沿って、ブロックを組み立てるゲーム。作り上げた作品をもとに、メンバー同士の対話を深めるという効果がある。

は、**簡単なゲームを通してメンバー同士の理解を深めるといった工夫も必要。**一緒に仕事をしていれば、自然とチームができ上がっていくというわけではないのです。

そして、チームビルディングを実践する際には、目標が強制的なものになっていないか、メンバーにタスクを丸投げしていないか、メンバーの関係性は良好か、といったことにも注意しなければいけません。メンバー同士の理解と尊重を育むことが鍵といえるでしょう。

チームマネジメントの基本②

チームを駆動させるのは「熱と理と情」である

「熱・理・情」を備えたチームは成果を最大化できる

仕事にやりがいを感じられず、冷え切ったムードの中では、新たな挑戦や創造は生まれない。「熱・理・情」の3つの視点からチームを点検し、「ハイパフォーマンスチーム」に変身させよう。

リーダーとして
合理的な采配が
できるように
ならないと…
自分自身が
“熱源”となって、
チームに活力を
与えたい

リーダー自らが心に熱を灯して、メンバーが共感できる目標を示すことでチームを動かす。

P60へ

チームを動かすには条件がある

チームを形成すると同時に、形成したチームをいかに駆動させるかについても考えなければいけません。

そのうえで知っておきたいのが**「熱」「理」「情」というキーワード**です。チームを駆動させるのは、

情熱を持って
合理的に
大きなチャレンジが
できるチームに成長！
メンバーが力を
発揮できるように、
心の充足が得られる
環境を作ろう！
メンバーに
心の充足を
もたらす
情
心（情緒）が満たされて
いる状態でこそ、大きな
挑戦や創造が可能となる。
P80へ
合理的アプローチが
マネジメントの基本
理
目標達成に向けてプラン
を立て、リソースを把握
し、理詰めでアプローチ
する。
P64へ
目標達成のためのエネルギー
熱

エネルギーの源泉である「熱」ですが、目標を達成するための合理的なアプローチ、つまり「理」が不可欠。さらに、**メンバーの心に火を付けるための「情」**を含めた、3つの要素を知ったうえでチームマネジメントを実践することが重要です。

　リーダーは、まず熱意を持って彼らとともに目標達成を追求し、合理性をもってチームに与えられたタスクをメンバーに割り振り、情によって心の充足をもたらすことが求められるのです。

The basic of Team-management No.2

「熱・理・情」を宿したチーム作りを目指すべし

チームの〝駆動〟が組織を活性化させる

「熱・理・情」の3つの要素を宿したチームは、メンバーの能力を最大限に活かして、新たな挑戦・創造を成し遂げることができるようになります。しかし、**3つの要素のうち、どれかひとつでも欠けていては、理想的な〝駆動〟は得られません。**

チームを駆動させるためには、**リーダーやマネジャーが「メンバーの応援団」となることを求められる**シーンも。数値

チーム駆動の実践①
3要素のどれが欠けてもチームは駆動しない

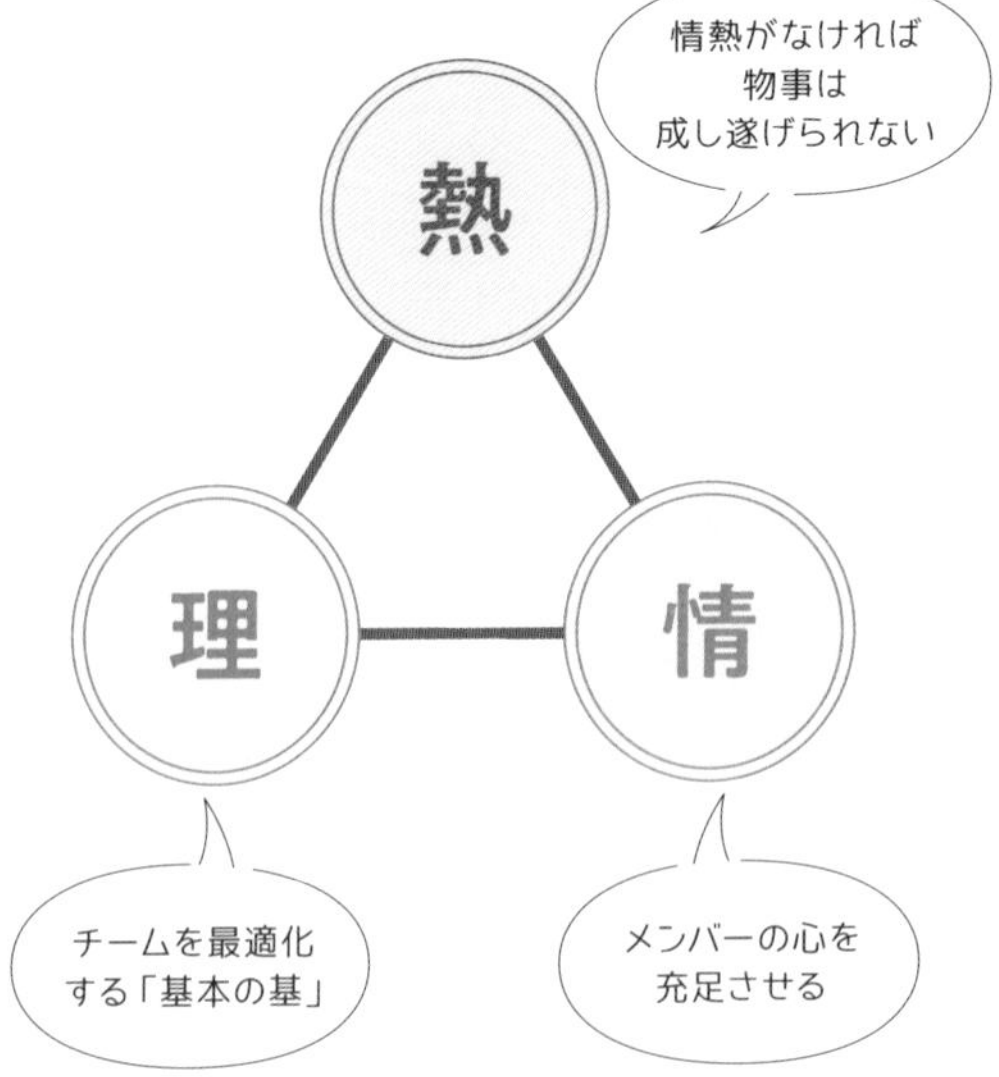

情熱がなければ物事は成し遂げられない
熱
理
情
チームを最適化する「基本の基」
メンバーの心を充足させる

メンバーがやる気になって熱意に満ちていても、「合理性」がなければ熱意は空回りし、リーダーがメンバーの能力を把握していても「熱」がなければ成果を最大化できません。これら3つの要素が揃ってはじめてチームが「駆動している」といえる状態となります。

チーム駆動の実践②

メンバーを「その気にさせる」のがリーダー／マネジャーの仕事

みんなガンバレ

メンバーが全力で仕事に取り組める環境を作るのが、リーダーやマネジャーの仕事。各メンバーが仕事にやりがいを感じているか、トラブルを抱えていないかなど、きめ細かい対応が求められます。メンバーがいつも元気でやる気に満ちたチームは、リーダーがメンバーをその気にさせているのです。

チーム駆動の実践③

熱と理と情は「会社の本質」でもある

「熱・理・情」は、優れた価値創造を行うことができる会社の本質でもあります。情熱とやりがいを持って働く社員に対し、徹底した理詰めによって彼らの能力を最大限に活かし、価値を生み出します。そう考えると、チームマネジメントと組織マネジメントの共通点が見えてくるはずです。

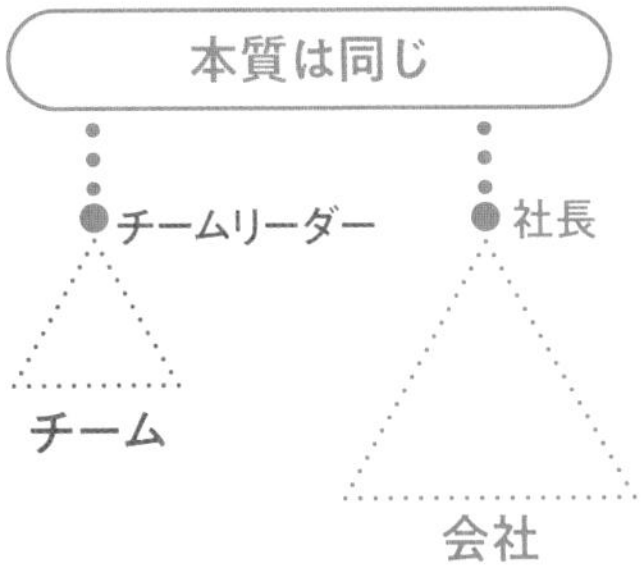
本質は同じ
チームリーダー
社長
チーム
会社

目標やノルマを課すことでメンバーを動かすのではなく、メンバー自身がやりがいを持って仕事に取り組みたくなる環境を作るのも、チームマネジメントをするうえで重要なポイントなのです。

この**3つの要素を理解し、実践することは、チームよりも大規模な会社組織を動かすうえでも有効。**「熱と理と情」を兼ね備えたチーム作りを実現できたリーダーやマネジャーは、組織運営においても有用な人材となっていくでしょう。

共感できるゴールを示す

「共感」できるまで目標を伝える

「熱」を持つことが重要になるのが、チームメンバーに目標やゴールを伝えるシーンです。

セルフマネジメントと同様に、チームマネジメントでも目標やゴールを明確にすることがチーム作りの第一歩。セルフマ

「共有」と「共感」の違い

チームの目標をメールに書いて送っただけでも、「共有」はできる。しかし、それだけでメンバーが目標に「共感」することはない。目標を頭で理解するだけでなく、リーダーの思いをメンバーの心に響かせ、腹落ちさせる必要がある。「共感」がメンバーを行動へと駆り立てるのだ。

みんなー!!
私と一緒にお客様へ最高の価値提案をしてくれるかぁーー!!?
オオーー!!!
課長しか勝たん!
提案 する♡
KACHO♥

ネジメントなら目標達成に向けて自分が努力をするだけですが、**チームマネジメントでは「どうしてその目標を達成しないといけないのか」についてメンバーに共感してもらわないといけません。**

ただ伝えるだけで、メンバーの共感を得るのは難しいでしょう。そこで必要なのが、**熱を伴った根気強いコミュニケーション。**共通の目標が明確になることではじめて、リーダーの求心力が高まり、メンバーを動かすことができるのです。

それってつまり？

メンバーの共感を得るには リーダー自身が熱くなるしかない

「共感」の実践①

リーダーがまず自分の心に「火」を灯す

自らがチームの熱意の発生源となるべく、リーダーは自らの心に「火」を灯さなければなりません。そのためには、誰よりも心躍らせて仕事に取り組み、人一倍汗をかいて行動する必要があります。「目標達成」をメンバーに押し付けるのではなく、自発的な行動に結びつけるのが、優れたリーダーの共通点です。

夢や理想を語るリーダーであれ

どれだけ丁寧なコミュニケーションを心がけていても、**リーダー自身が熱くなれない目標に対して、メンバーが共感することはありません。**リーダーはまず、目標達成に向けた夢や理想について、率先して語る必要があります。最初のうちは「夢想家」「理想主義者」などと呼ばれるかもしれません。しかし、**理想を語る本気度や熱量がいつしかチームの求心力と**

「共感」の実践②

ゴールを目指す「意味」や理由とともに「熱」を伝播させる

リーダーが発した熱が、チームメンバーに伝播していく

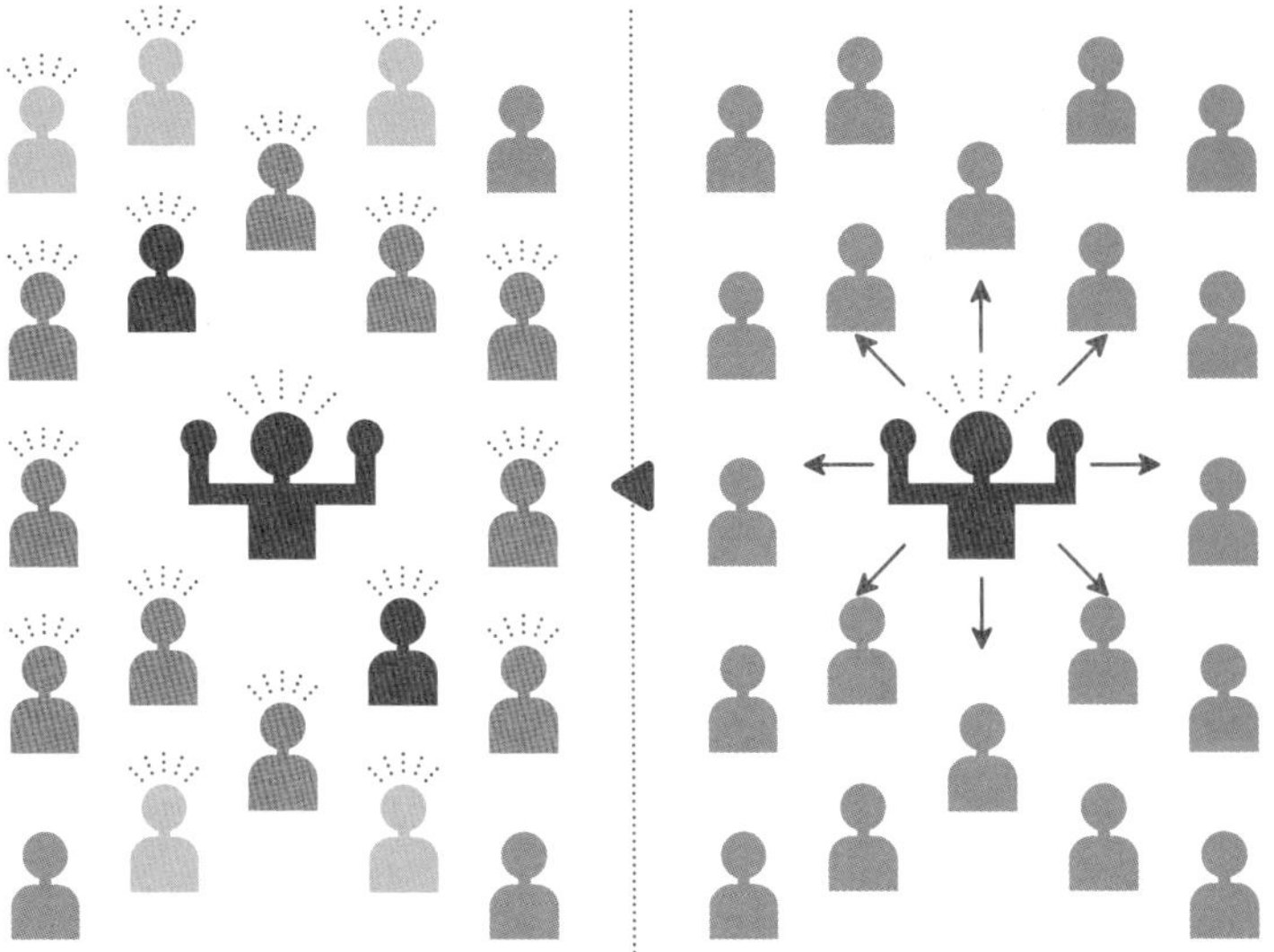

リーダーがどれだけ熱意を持っていても、熱量に乏しい環境ではいつしかリーダー自身の熱意も失われてしまいます。まずは数人でも、熱を分かち合えるメンバーを作りましょう。そうすれば彼らが他のメンバーに熱を広げてくれ、チーム全体が「熱のかたまり」へと変わっていくでしょう。

なり、周囲のメンバーに熱が伝播していくのです。

同時に、「何のためにこのチームが存在するのか」「チームの働きが会社や社会にどう貢献できるのか」といった、「意味」や理由をメンバーに示すことも重要なポイントとなります。それらを明確に示したうえで共感を得ることができれば、チーム内のムードやメンバーの働きは見違えるはず。

こうしたメカニズムで、リーダーの熱意が、やがてチーム全体の熱意へと変化していくのです。

「人材プロファイル」の活用でメンバーの能力を最大限に引き出す

我がチームが
本気を出せば
目標達成は
たやすいこと！
LEVEL UP
守
LEVEL UP
ヒアリングの魔術師Dさん
巧みな話術で、クライアントの要望を引き出す天才！
チームのガーディアンCさん
社内政治に負けない、鉄壁の防御力でチームを守る！

メンバーの能力をリーダーが引き出す

「熱・理・情」の「理」に当たるのが、メンバーのプロファイルを適確に把握して、それぞれに合った役割や業務を与える「リソースマネジメント」。

メンバーの個性やスキル、強みや弱みを把握し、それらをまとめた「人材プ

「リソースマネジメント」とは？

従業員の能力や資質（タレント）を把握し、人材活用や育成を行うことを指す。会社組織全体で実施すれば、新プロジェクトに最適なメンバーを選出したり、採用活動時に「ほしい人材像」を明確にするのにも役立つ。

さきがけ！営業戦士Aさん
強靭なメンタルと交渉能力で、新規開拓を引き受ける！
合理
LEVEL UP
LEVEL UP
合理化のプロBさん
便利なデジタルツールを使って、チームの仕事を合理化！

ロファイル」をもとに、チーム構成の最適化を行います。

最適な役割を与えることによって、プロジェクトの遂行をスムーズにするだけでなく、個人やチームの成長にもつながります。

メンバー自身が「自分の能力がきちんと理解されている」「成長につながる仕事を与えられている」という実感を持つことで、より意欲的に業務に取り組むようになるというメリットも得られるでしょう。

それって つまり？

メンバーを深く理解するのがリソースマネジメントの基本

メンバーを〝知る〟ことはリーダーの必須業務

一緒に仕事をしていると、メンバーのことを「知ったような気」になってしまいます。しかし、**人材プロファイルを作成できるほどにメンバーを「知る」**のは簡単なことではありません。これまでの経歴や将来的な目標、何をモチベーションに働いているかをヒアリングするのに加えて、普段の業務態度や仕事の成果からスキルや得意分野を把握する必要があります。

リソースマネジメントの実践①
人材プロファイルを作成せよ

リーダー・マネジャー業務に慣れないうちは、チェック項目を埋めていくようにして人材プロファイルを作成するという方法も。チェック項目には、下に記載している2つの他に、経歴、資格、知識、価値観などが挙げられます。

チェックポイント例

① 強み・弱み

チーム内での役割を決める際にポイントとなるのが、「強みと弱み」。それぞれが得意な役割を任せることで、タスクの効率化や、メンバーの成長が見込める。

② モチベーション

「仕事で成果を上げたい」「仕事より私生活を優先したい」など、仕事へのスタンスは人それぞれ。各々に合った役割配分が、モチベーションアップにつながる。

リソースマネジメントの実践②

どんなポジションにもリスペクトが必要

能力や成績の優劣に関わらず、すべてのメンバーに対してリスペクトを持ち、それを表明するのがリーダーの務め。高価なダイヤモンドで城壁を築くことはできないように、どんなメンバーにも力を発揮すべきシーンがあります。主力メンバーに目をかけるだけでなく、補佐的なポジションのメンバーのことも気にかけるようにしましょう。

エース

高いパフォーマンスを発揮するエースはチームの財産。力を発揮できるようにサポートしつつ、独善的にならないような気配りも必要だ。

補佐メンバー

エースの活躍を支える「縁の下の力持ち」は、目立たないけれど重要なポジション。働きに目を向けて、きちんと賞賛の言葉をかけないといけない。

メンバー

目立った成果が上げられていないメンバーは萎縮したり、やる気を失ったりしがち。できていることを褒め、心理的安全性を高めるような配慮を。

そのためには、1対1の面談を定期的に繰り返し、メンバーの特性や希望、心のあり方などに目を配ることが不可欠。

そのようにして各自の個性を把握すると、優れたメンバーを優遇したくなりますが、メンバー間に不公平感が漂うのはチームのためになりません。また、エースだけで仕事を回せるわけではないので、**すべてのメンバーをリスペクトすること**も、チームマネジメントにおいて重要なポイントなのです。

「伝える」ではなく「伝わる」コミュニケーションを実践する

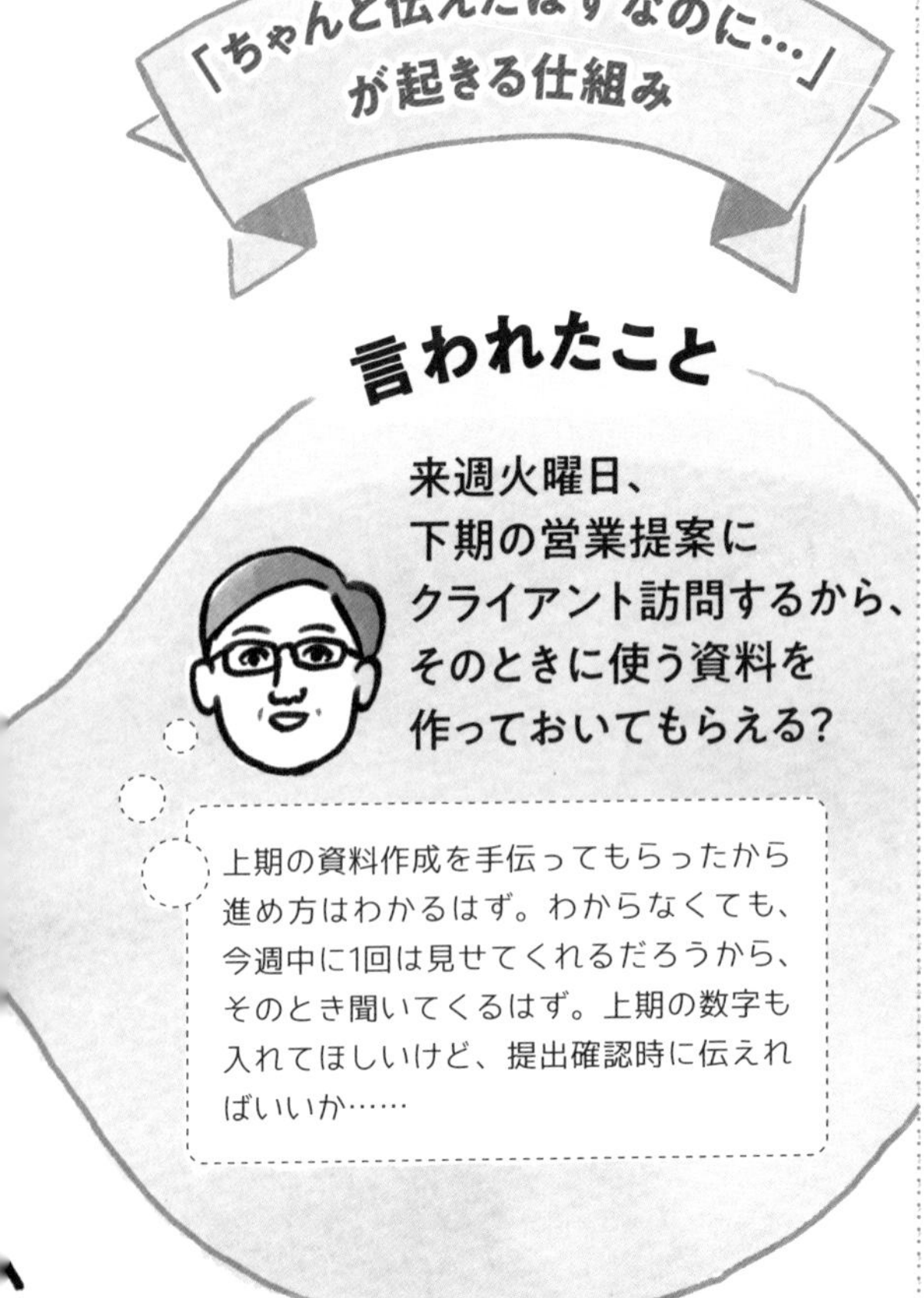
「ちゃんと伝えたはずなのに…」が起きる仕組み
言われたこと
来週火曜日、下期の営業提案にクライアント訪問するから、そのときに使う資料を作っておいてもらえる？
上期の資料作成を手伝ってもらったから進め方はわかるはず。わからなくても、今週中に1回は見せてくれるだろうから、そのとき聞いてくるはず。上期の数字も入れてほしいけど、提出確認時に伝えればいいか……

「共有」するだけで意味は伝わらない

「ちゃんと伝えたはずなのに、自分の意図と違う成果物が上がってくる」という経験をしたことがあるリーダーは少なくないでしょう。つい、「話を聞いていなかったのでは？」「わからないまま進めないで」とメンバーを責めた

伝わったこと
上期の資料をベースに作ればすぐだから、月曜日に一気に作業して、その日中に確認してもらえばいいよね
えーっと…つまり…
コミュニケーションギャップが生まれている!

「これからやること」の発言で「伝えたはず」を防止

「伝えたはず」を防ぎ、メンバーの思考力を育むため、受けた指示に対してどのように取り組むかをメンバーに発言してもらい、意図をすり合わせるのも有効な手段。

くなってしまいますが、**自分のコミュニケーションに問題がなかったか振り返ることも重要。**

特に経験の浅いメンバーに対しては、「作業の目的」「必要な工程」「期待するアウトプット」などを明確にしたうえで指示出しをしなければいけません。「伝えたから」「聞かれなかったから」で終わらせず、**自分の意図が正しく伝わっているか確認するまでがコミュニケーション**。この意識を持てば「伝えたはずなのに」が起きなくなるはずです。

それって
つまり？

コミュニケーションは「インタラクティブ」が鍵

コミュニケーションの実践①
情報共有のテクニックを知る

テクニックとして注目されることが少ない「情報共有」。具体的な情報共有を心がける、情報の可視化を徹底する、チームに最適なコミュニケーションツールを使用するといった、ちょっとした工夫によって、仕事の効率や精度は大きく向上します。

コミュニケーションの実践②
共通言語・共通認識を形成する

ミスコミュニケーションを防ぐには、共通言語・共通認識を形成して、「言ったことが正しく伝わる」環境を整える必要があります。なるべく早い段階ですり合わせの場を設けられると理想的。

情報共有に対する意識を変える

誰かと情報を共有するという作業は日常的に発生するため、つい何気なくこなしてしまいます。しかし、**何気ない情報共有はミスコミュニケーションのもと。**そして、ミスコミュニケーションが重なると、作業効率が落ちるだけでなく、メンバーのモチベーションの低下を引き起こす恐れもあります。

　情報共有のミスを防ぐには、インタラクティブ

コミュニケーションの実践③

「コミュニケーション=仲良くなる」ではない

雑談や飲み会でのコミュニケーションは、人間関係を円滑にするためのもの。仕事のためのコミュニケーションとはまた別物です。「仲が良い=コミュニケーションが取れている」と誤解しないよう気をつけましょう。

「雑相《ざっそう》」の重要性が高まる

最近注目されているのが「雑相」という言葉。ITツールの普及やリモートワークの増加によって減少しがちな「雑談」と「相談」の価値を見直す動きがあります。

雑談　テーマを特に決めない、何気ない情報のやり取りの中に、ビジネスのヒントがある。

相談　上司だけでなく、メンバー同士が互いに相談相手になることで、問題を抱え込まずにすむ。

（双方向）なコミュニケーションを心がける必要があります。伝えるべき情報に不足がないか、意図は正しく理解されているか、認識にズレはないか、など注意すべきポイントは意外と多いもの。**共通認識・共通言語を形成しておく**ことも、ミスコミュニケーションを防ぐのに効果的です。

また、**ビジネスにおけるコミュニケーションとは、「仲良くなる」ことが目的ではない**という認識を持っておく必要もあるでしょう。

チーム内の「健全な衝突」を上手に活かしてチームをひとつに

コンフリクトとは…

チームや組織の中で起きる、意見や利害の対立・衝突のこと。予算や資源配分などの制約をめぐる外部要因、対抗意識や仕事のスタイルの違いといった個人的要因によって引き起こされる。

コンフリクトは成長のチャンス

チーム内での「衝突」（コンフリクト）は避けなければいけないものと思われがちですが、**コンフリクトを上手にマネジメントして効果的に扱う**ことができれば、質の高い議論ができるようになったり、メンバー同士

意見が対立して

Win-Loseに

どちらかが勝ってどちらかが負ける、という状態はチームや組織にとってプラスにならない。

関係ないや…
放置すると…

建設的な議論で

Win-Winな状態に

コンフリクトを議論の活性化、チームの成長のきっかけにできれば、様々なメリットが期待できる。

ちょっと待った!!
マネジメントすると…

の相互理解を深めたり、といったメリットを生み出すことができます。

コンフリクトマネジメントの目的は、意見の対立を建設的な議論へと導くこと。まずはリーダー自身がコンフリクトをポジティブに受け止めることを心がけ、コンフリクトマネジメントのメリットをメンバーと共有。勝ち負けを競ったり、対立を避けたりしない環境を整えます。すると、**「健全な衝突」がメンバーやチームの成長を促してくれる**ようになるはずです。

それってつまり？

優れたリーダーはコンフリクトから利益を生む

「コンフリクト」を上手に扱う①

コンフリクトに対する反応を知る

コンフリクトに直面した人がどのような態度をとるかは、5種類に分けられます。自分やメンバーがどのような態度をとっているのかを知り、客観的に判断することが正しいマネジメントにつながるのです。

強制	自分の意見を相手に押し付け、強制する態度。押し付けられた相手は不公平感を抱きやすい。
妥協	双方が妥協し合って、落としどころを探る態度。中途半端な結論に達し、成果が出せないことも。
受容・服従	相手の意見を優先して受け入れる態度。一方が意見を抑え込むため、Win-Loseになってしまう。
回避	コンフリクトそのものを避ける態度。対立は起きないが、課題解決が先送りされてしまう。
協調	双方の利益を尊重し合い、建設的な議論で解決を目指す態度。コンフリクトマネジメントのゴール。

コンフリクトの〝正体〟を知る

コンフリクトマネジメントの第一歩は、**なぜコンフリクトが起きるのか、どんな反応・状態が発生するのか、といったコンフリクトの〝正体〟を知ることから。**

　コンフリクトは3種に分類できます。①課題や目標に関わる対立（タスク・コンフリクト）、②仕事の進め方に関わるもの（プロセス・コンフリクト）、③人間関係の中の感情的な対立（エモー

「コンフリクト」を上手に扱う②

コンフリクトマネジメントのセオリーを知る

コンフリクトをマネジメントするうえで、感情に引っ張られるのはNG。そこでポイントとなるのが、対応の「パターン」や「セオリー」を知っておくこと。パターンに則って適切な対応ができれば、マネジメントの精度が上がります。

①「私たちvs問題」というスタンスをとる

「強制」や「受容」といった態度が生まれるのは、メンバーvsメンバーという対立図式になっているから。対立の原因を明確にして、私たち（チーム）vs問題というスタンスをとれば、前向きな議論を促せる。

② チーム内に肯定的な空気を作る

肯定的な空気のあるチームでは、日頃から活発な意見交換が行われている。そのため、たとえ意見が対立したとしても、まずは話を聞いて、一緒に考えてみようとする、「協調」の空気を作ることが重要。

ショナル・コンフリクト）。①と②はチームの活性化にもつながる生産的なコンフリクトとされていますが、③はメンバー間に緊張や不安をもたらす非生産的なコンフリクトです。コンフリクトの種類や性質がわかれば、どのような態度で接するべきかが見えてくるでしょう。

　そして、**きちんと向き合うべきコンフリクトには、セオリーをもとに適切な対応をする**のが、コンフリクトから価値を生み出すことができる、優れたマネジメントです。

自分がどのタイプのリーダーなのかを知る

武将のように
ビジョン（目標）で
メンバーを
引っ張っていく
ビジョン型？

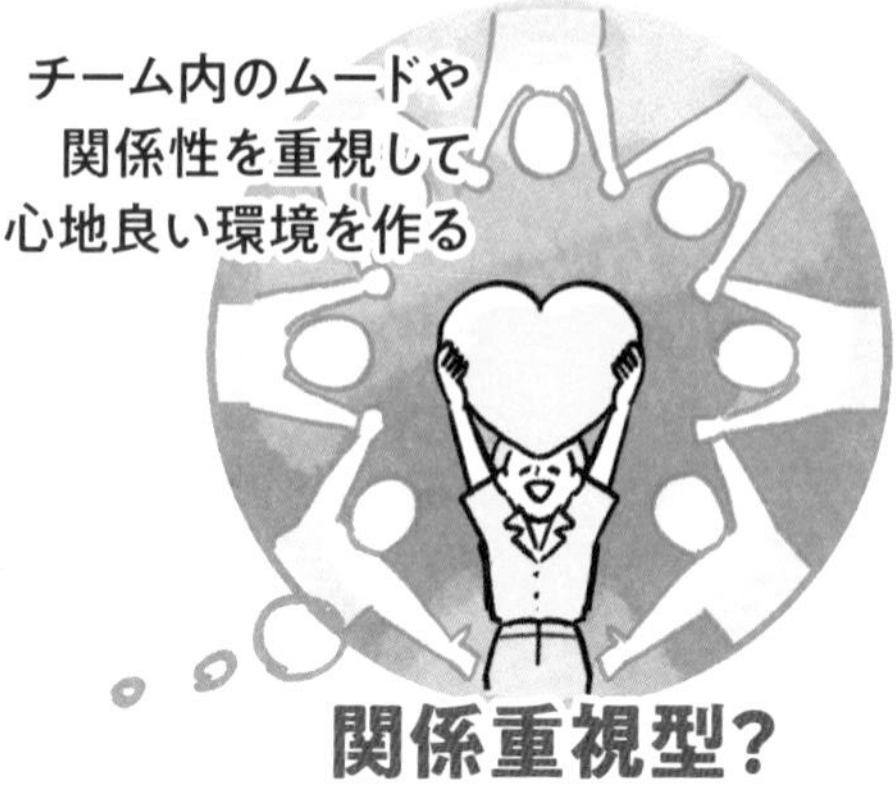
チーム内のムードや
関係性を重視して
心地良い環境を作る
関係重視型？

リーダーシップは一様ではない

　リーダーシップというと、自分が先頭に立ってチームを率いる様子を思い浮かべます。しかし、リーダーシップの型はひとつではありません。そして、リーダーに任命されたから、**自分を「リーダーの型」に当てはめる**

リーダーとマネジャーはどう違う？

混同されがちな2つの役割ですが、状況に変革を起こすのがリーダー、状況を“いい感じ”に整えるのがマネジャーという違いがあります。この2つの役割を使い分けることが必要。

自らが「縁の下の力持ち」としてチームメンバーを支える
支援型？

マラソンのペースメーカーのように自分が「具体的な目標」を体現する
PACE
ペースセッター型？

のではなく、**自分に適しているリーダーシップの型を探る**必要があります。
　自分が前に出るのが苦手なタイプなら「支援型」のリーダー、プレイヤーとして汗をかくタイプなら「ペースセッター型」など、自身の得意不得意がヒントになります。また、エースプレイヤーに対してはフォローに徹して、新人には1対1でコーチングをするといったように、**相手の能力や性格に合わせてリーダーシップの型を使い分ける**テクニックも重要です。

それってつまり？

リーダーシップのバリエーションを持つ

リーダーシップの実践①
リーダーシップは6種類

心理学者のダニエル・ゴールマンが
提唱しているのが下記の6つのリーダーシップスタイル。
それぞれの特徴と効果を解説します。

ビジョン型
ビジョンを明確に示し、メンバーを導く。ビジョン達成の手段はメンバーに委ねるので、自立心の向上が期待できる。

コーチ型
コーチング的なスタンスでメンバーの目標達成をサポート。意欲や能力が高いメンバーが多いチームで効果を発揮。

関係重視型
メンバー間の関係性を良好に保ち、目標達成を目指す。コミュニケーションコストに対して、成果が伴わないケースも。

民主型リーダーシップ
メンバーの意見をチームの方針に反映。アイデア発掘や帰属意識の醸成に有効だが、迅速な意思決定は難しい。

ペースセッター型
リーダーが手本を見せて、成功イメージを与える。高難易度の目標達成に有効。能力が低いチームには不向き。

強制型
リーダーが強制力を持って、目的を遂行する。短期間で効果を上げるには有効だが、不満が溜まりやすい。

【番外編】支援型
最近では、リーダーがメンバーの補佐に徹する「支援型」のリーダーシップも注目されている。

目的によって型を使い分ける

リーダーシップを発揮するのもチームマネジメントの一部。目標達成に向けてメンバーを導くための「手段」「スキル」がリーダーシップ、と捉えられます。そして、**手段としてリーダーシップを使いこなすには、型の種類や効果を知っておく必要があります。**

なぜなら、前ページで解説した、自身の適性や相手に合わせた型の使い分けに加えて、**仕事の**

リーダーシップの実践②

知識を身につけることの重要性

リーダーシップは手段・スキルと捉えられますが、すべての人が様々な型を使いこなせるわけではありません。しかし、知識を持っておけば、判断に困ったときの指針にできます。知識の引き出しがあれば、チームマネジメントのスキルアップにつながるでしょう。

どうすれば
いいか
さっぱり
こう対応するのが
セオリー！
知識がない
知識がある

リーダーシップの実践③

メンバーの心に火をつける方法を知る

ありふれた仕事に「やりがいを与える」のも、リーダーの重要な役割です。

①適度な負荷を与える

ギリギリ克服できる目標を与え続けることで、能力を覚醒させ、メンバーの成長につなげる。

手を出さざる

②任せきる

メンバーを信じて仕事を任せたら、絶対に途中で介入しない。信頼に応えようとする場面で、人は成長するのだ。

フェーズによって型を変えたり、複数の型を併用したりといったテクニックがチームを導くのに効果を発揮するからです。

たとえば、「関係重視型」をベースにして心理的安全性の高い環境を作り、目標未達メンバーには「コーチ型」で寄り添い、緊急事態が発生した際には、一時的に「強制型」でスピーディーな解決を図る、といった活用方法が考えられます。

また、**メンバーのやる気を引き出す方法**も知っておきたいところ。

リーダーは管理者ではなく"キャプテン"たれ

をよく見ている！

CHECK
メンバーの成長・変化を見逃さない！

この前の提案書、
とてもわかりやすくて
クライアントも
喜んでたよ～！

メンバーの観察はリーダーの大事な仕事

リーダーやマネジャーとして、後輩や部下を任されたとき、**メンバーをよく観察し、意見に耳を傾け、一緒に汗をかいて働く、「良きキャプテン」**であることが重要です。現場の最前線でメンバーを鼓舞し、力を発揮させ、

キャプテンはメンバー

CHECK
メンバーの悩みに寄り添って時に手本を見せる

CHECK
さりげない貢献に気づいて感謝を伝える

営業活動が伸び悩んでる？
よし、今度一緒に
客先に行ってみようか
ミーティングの議事録、
いつもありがとう ！
さりげない気遣いを
してくれて助かってるよ

チームを勝利に導くのがキャプテンの仕事。チームのパフォーマンスを最大化するには、**チームリーダーが「キャプテンシー（現場でチームを統率する力）」を発揮する**必要があります。

　また、十分な成果が得られていないメンバーを、「能力が足りない」「努力していない」と責めるのではなく、**「うまく意欲やポテンシャルを引き出せていないのかもしれない」という観点から寄り添うのも、「キャプテン」の大事な役割**なのです。

それってつまり？

「キャプテン」としての振る舞いを身につける

「キャプテンシー」の実践①

サッカー元日本代表・長谷部選手が見せた“キャプテンシー”

2015年のアジア杯、ベスト4をかけた試合で、香川選手がPKに失敗し、日本チームの敗北が決定しました。呆然と立ち尽くして号泣する香川選手に駆け寄り、肩を抱いて励ました長谷部選手の行動は、まさにキャプテンの鑑。誰か一人に敗因を押し付けないキャプテンがいるからこそ、メンバーは失敗を恐れずチャレンジできるのです。

メンバーの能力を引き出すために

現場を率いる「良きキャプテン」に求められる振る舞いとは、**メンバーのポテンシャルを最大限に引き出し、結果に対する責任を背負うこと。**

人の能力には「幅」があるため、メンバーの意欲をうまく引き出せるかどうかで、チームが生み出す成果は大きく変わります。彼らの意欲を引き出す努力をしたり、自分が責任を引き受けることでチャレンジしやすい環

「キャプテンシー」の実践②

「できて当たり前」をほめる仕組みを作る

補佐的な業務は、「やって当たり前」とされることが大半です。
しかし、メンバーのモチベーションを保つには、
ちょっとした努力や貢献を見逃さず、承認・称賛することが大切。
承認欲求をきちんと満たす仕組みを作れば、チームは自ずと活性化します。

運用ルールをまとめました
ほめる
ちゃんとやれば誰かが評価してくれる！もっとがんばろう
モチベーションUP
ほめない
やってもやらなくてもどうせ一緒でしょ…
モチベーションDOWN

リーダーシップとキャプテンシーの違いとは?

リーダーシップは特定の地位に関係なく、すべての人に期待される力量やスキルで、キャプテンシーはキャプテンという地位を持つ、個人の力量やスキルを指す。

境を整えたりすることが、キャプテンとして最も合理的な振る舞いとなるのです。その一環として、**意欲を引き出すための仕組み作りも、大事なリーダーの仕事であると**いえるでしょう。

チームマネジメントのTips

他者をマネージするには「手段」が必要である

チームマネジメントとは、他者を「どうにかする」ということ。
他者を動かすにはどうすればいいのでしょう?

1

「言葉」で動かす

もともとモチベーションが高いメンバーには、共感できる目標や言葉を伝えることで、行動・努力の方向付けをしてあげるのが効果的。組織やリーダーの思いや目標を一方的に伝えるのではなく、メンバーの希望も汲みつつ、意欲を引き出す声掛けを心がけましょう。

2

「人柄」で動かす

メンバーとの信頼関係を深めて、「この人のためにがんばりたい」と思わせる手段。単に「好かれる」のではなく、メンバーを尊重したり、適切なフォローをしたりといった、ビジネスパーソンとしての誠実さがポイントに。安心感を与える態度も大切です。

自分で自分を律することですら難しいのですから、**チームをマネジメントするのは至難の業**。チームの成果を最大化するには、「仕事なんだからやってくれるだろう」「指示を出せば動いてくれるだろう」という考え方は捨てて、**人を動かすための「手段」を学ぶ必要があります**。

その手段とは、「言葉」「人柄」「やりがい」、そして「報酬」です。「報酬」以外は、学習や努力によって多くの人が身につけられるものです。まずは、対象者をよく観察して、**適切な手段で働きかければ、メンバーのやる気を引き出すことができる**でしょう。

3

「やりがい」で動かす

自身の貢献に対して称賛や承認を受けることで、仕事にやりがいを感じられると、人はより積極的になります。しかし、無根拠な称賛は「おだてているだけでは?」と不信感を抱かれてしまい逆効果に。メンバーの努力と成果をきちんと評価することが重要です。

番外編

「報酬」で動かす

他者を動かすのに、強い力を発揮するのが「報酬」。成果に対するインセンティブや、昇進の機会を与えることは、貢献意欲へ大きな影響を与えます。しかし、これらの手段を行使できるのはごく一部の人だけ。現実的な手段としては使えないでしょう。

Management Column - 04

プレイングマネージャーが うまく機能しない理由

プレイングマネージャーとは、プレイヤーとして優れた人がマネージャーの役割も兼ねること。プレイヤーとしての実績に加えて、部下やプロジェクトのマネジメントも任されるため、非常に難易度の高いポジションです。日本企業ではよく見られるポジションですが、実はプレイングマネージャーが上手く機能している例はそう多くありません。

プレイングマネージャー自身が、今までと変わらない現場業務とマネジメント業務の両立に悩んでしまうというケースの他、プレイングマネージャーが機能不全を起こし、チームや現場が「最適化」から程遠い状態に陥ってしまうというケースも。

また、プレイヤーとして優れていただけに、「自分のやり方」に固執してしまうプレイングマネージャーが多いのも課題のひとつです。自分と同じ方法で成果を上げることを求めたり、成果を上げられない部下を「どうしてこんなこともできないのか」と責めたりしてしまいがち。プレイングマネージャーとして行き詰まりを感じたら、プレイヤーとしての意識を一旦横において、マネジャーとしてメンバーと向き合うことも重要です。

マネージャーとしての素質や役割は、プレイヤーとしてのそれらとはまったくの別物。そのため、マネージャーに任命されたら、仕事に対する考え方や取り組みを根本から変える必要があるのです。

Chapter 4

何をマネジメントするのか

「時間」や「仕事」「情報」といった、マネジメントの対象とそれらのマネジメント方法を解説。対象について知ることで、マネジメントに対する理解の解像度がグッと上がるはずです。

マネジメントすべき対象を知ろう

マネジメントを的確に実践するには、その「対象」を知る必要があります。ビジネスパーソンにとって重要なマネジメントの対象について解説していきます。

①時間

マネジメントの基本となるのが時間。時間の重要さと上手な使い方を知りましょう。

P90へ

②仕事

仕事に振り回されるのではなく、仕事を上手に扱うための視点を解説！

P94へ

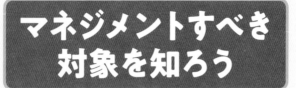

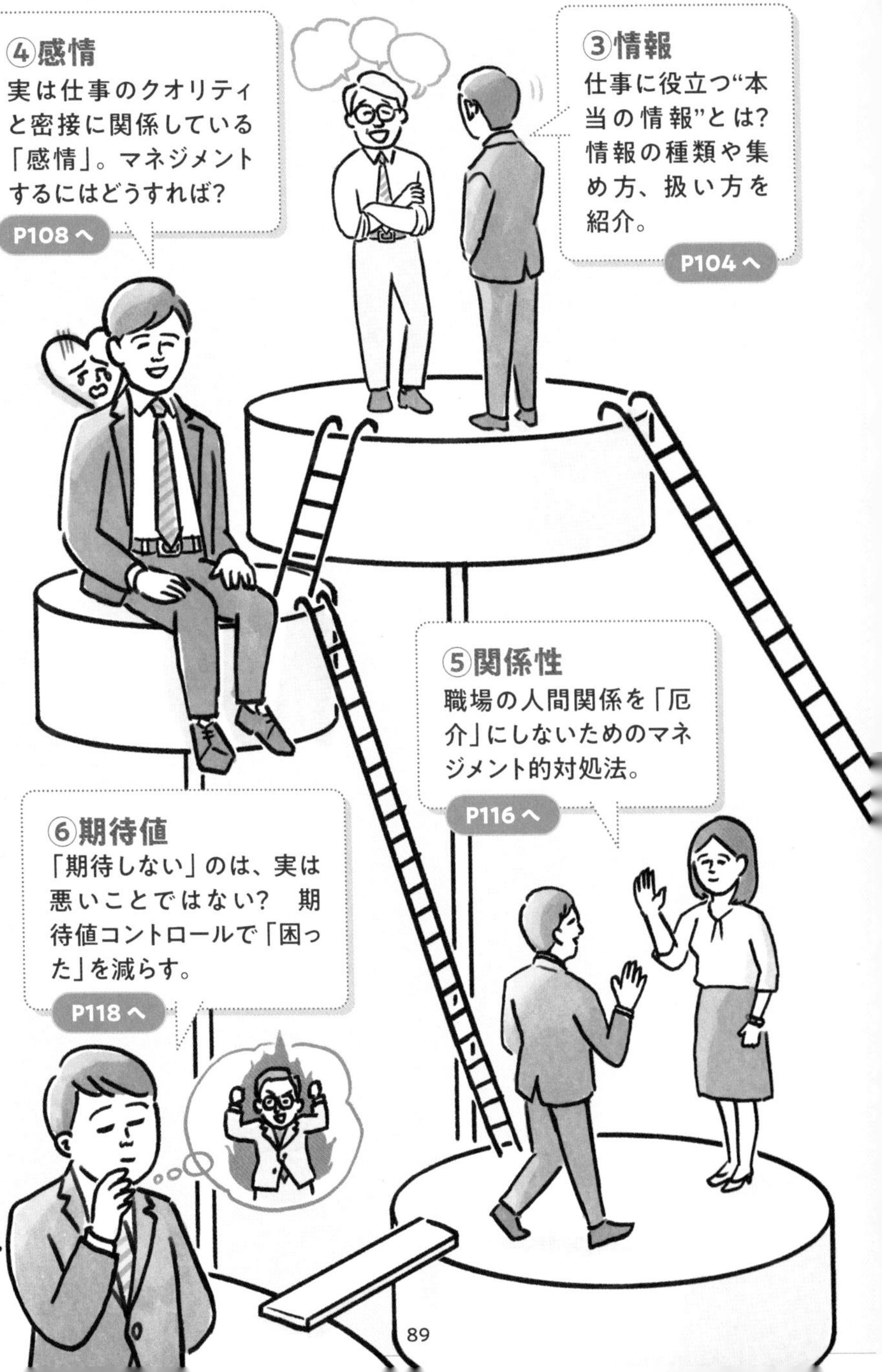

③情報

仕事に役立つ“本当の情報”とは? 情報の種類や集め方、扱い方を紹介。

P104へ

④感情

実は仕事のクオリティと密接に関係している「感情」。マネジメントするにはどうすれば?

P108へ

⑤関係性

職場の人間関係を「厄介」にしないためのマネジメント的対処法。

P116へ

⑥期待値

「期待しない」のは、実は悪いことではない? 期待値コントロールで「困った」を減らす。

P118へ

タイムマネジメント

時間を制する者が人生を制する

家事・雑務
趣味・休憩
睡眠時間
勤務時間
勉強時間
24H
結果を出す人は…
夢や目標実現のため、必要なことに時間を集中投下。
SKILL
● 中国語検定2級
● TOEIC800点
● 情報セキュリティマネジメント
● マーケティング検定3級
● マイクロオフィススペシャリスト
● 普通自動車第一種免許

時間は最も重要なビジネス資源

セルフマネジメントの基本が「ルーチンの形成」であることからわかるように、**マネジメントの対象の中で最も重要なのが「時間」**です。時間は万人に平等に与えられている資源ですが、同じ時間内に生み出される価値は、

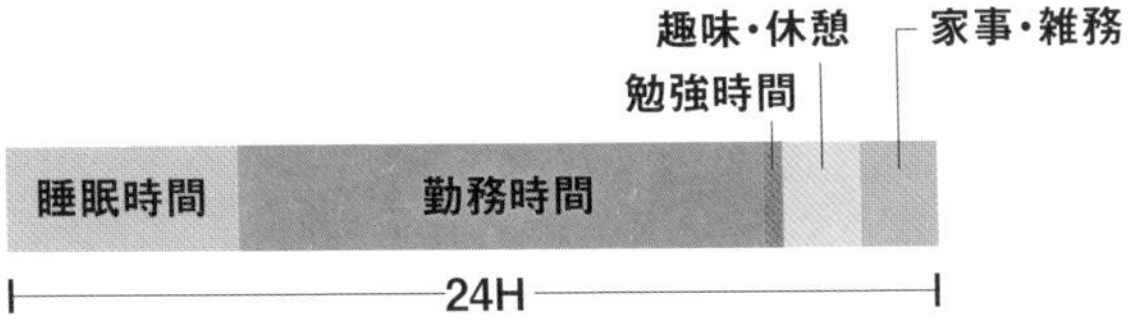

結果を出せない人は…
生産性の低い長時間労働や、目標実現とは無関係なことに時間を費やしている。

SKILL

- 英検3級
- 普通自動車第一種免許

時間は平等なのにスキルに差がつく理由

高いスキルを持つ人は「人一倍優秀」というよりも、「人一倍時間の使い方が上手」であることが大半。時間の無駄遣いを減らして、計画的な学習を心がければ、誰だって働きながらスキルアップが可能なのだ。

人によって雲泥の差があります。

「忙しいから睡眠時間を削って働く」のではなく、睡眠や食事、通勤といった**絶対に削れない時間を確保したうえで、残りの時間を上手にスケジューリング**していけば、時間を有効活用することができるでしょう。

スキルアップのための時間がない、と感じている人は自分の時間の使い方を一度チェックしてみましょう。思っている以上に「時間の無駄遣い」をしているかもしれません。

How to manage Time

「見える化」でタイムマネジメントを徹底

タイムマネジメントの実践①
仕事の優先順位を「見える化」する

仕事を「緊急度」と「重要度」という評価軸で仕分けして、優先順位を“見える化”することが、時間の有効活用につながります。マトリクスの①と②の領域に時間を割き、③と④は減らすよう心がけましょう。

アイゼンハワーマトリクス

重要度	緊急度 低	緊急度 高
高	② 緊急でないが重要 中長期目標 ● 資格取得 ● 後輩の育成 など	① 緊急かつ重要 最優先タスク ● 緊急トラブル対応 ● 重要な商談 など
低	④ 緊急でも重要でもない 削減すべきタスク ● 無意味な雑談 ● 待ち時間 など	③ 緊急だが重要でない 代替可能なタスク ● 定形作業 ● 重要でない会議 など

時間を最大限に有効活用するには？

時間を有効活用するには、知識とテクニックが必要です。

そのうちのひとつが、仕事の重要度を「見える化」すること。「仕事が忙しくて、他のことができない」という人は、あまり重要でない仕事に時間をかけすぎているケースが多々あります。一つひとつの仕事に対して丁寧に取り組むことは大切ですが、効率性を高める工夫も欠かせません。

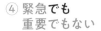

タイムマネジメントの実践②

時間を“生み出す”裏技

スキマ時間を上手に活用すれば、使える時間を“生み出す”ことができます。1日のタイムスケジュールを書き出したら、5 ～ 10分でできるタスクをスキマ時間に当てはめていきます。これだけで時間の浪費がぐっと減るはずです。

スキマ時間の活用例

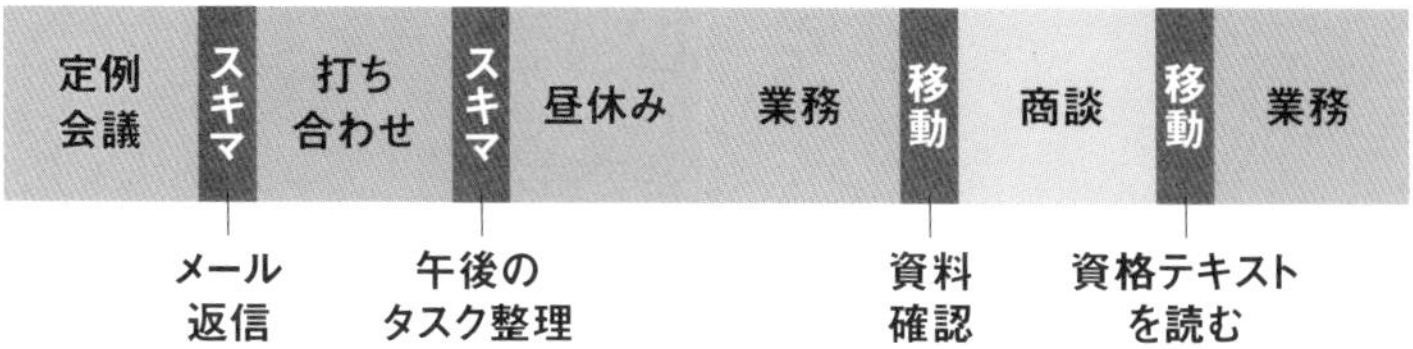

定例会議
スキマ
打ち合わせ
スキマ
昼休み
業務
移動
商談
移動
業務
メール返信
午後のタスク整理
資料確認
資格テキストを読む

「時間泥棒」は信頼されない

有能なビジネスマンほど、約束の時間を厳守し、メールの返信も早いもの。なぜなら、人を待たせることは相手の時間を奪う「時間泥棒」だと知っているからです。ちょっとした遅刻やメールの遅滞といった「時間泥棒」は、信頼を失う行為だと認識しましょう。

アイゼンハワーマトリクスのような優先順位付けフレームワークを活用して、「タスクの仕分け」をしてみましょう。

また、**スキマ時間を上手に使うテクニックも重要**です。これが身についているかどうかが、ビジネスパーソンとしての成否を分けるといっても過言ではありません。

優れたビジネスパーソンはどんな時間も無駄にしない。この心構えを実践すれば、ビジネスシーンにおいて多くの信頼を勝ち得ることができます。

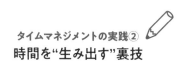

仕事のマネジメント❶

あふれる業務をコントロールせよ

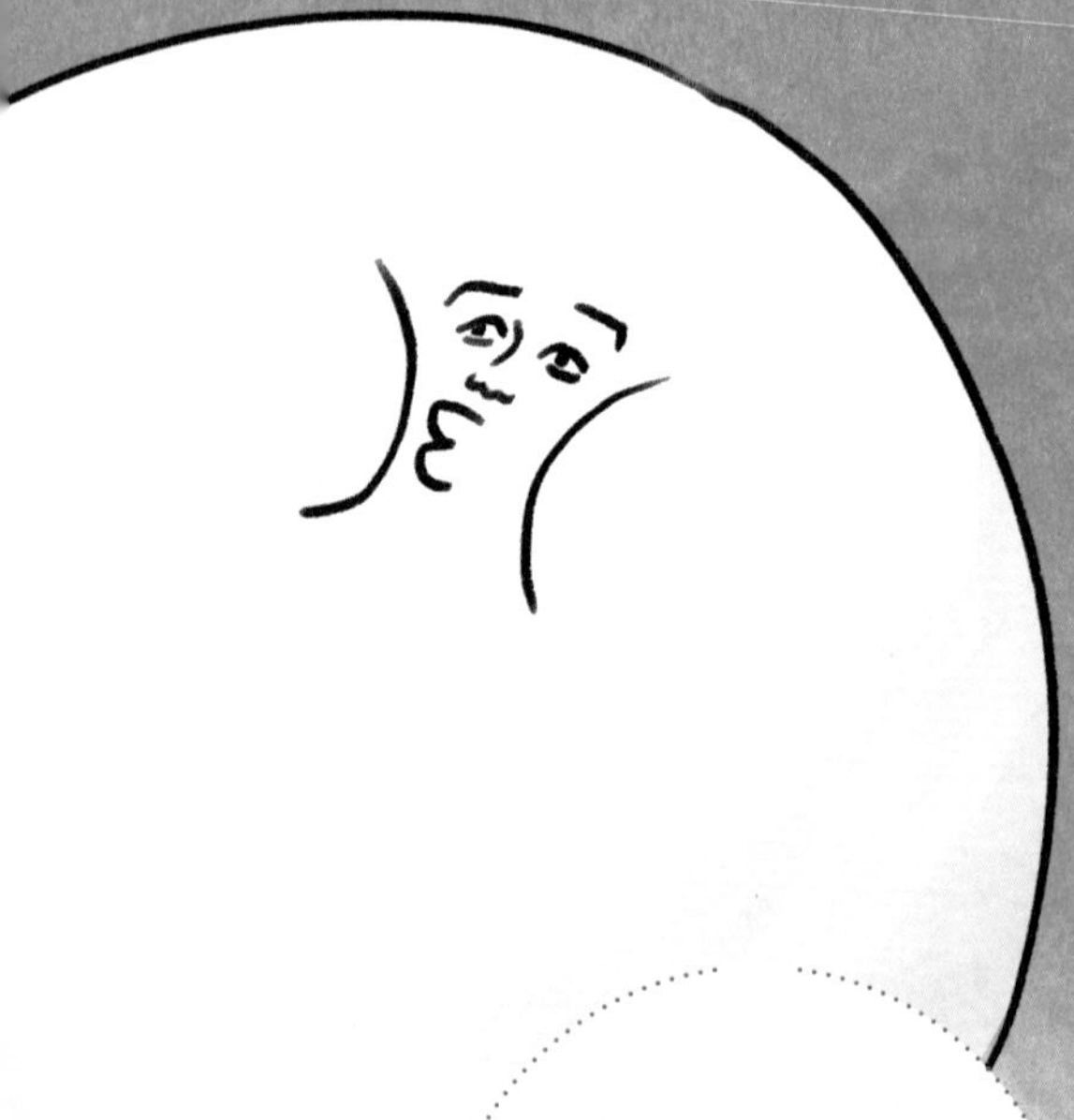

業務は肥大化する

やらなければならない業務は
どんどん増えていく。
業務が自然に消滅する
ことはない。

仕事は合理的に進めるべし

仕事ができない人によく見られるのが、「なんとなく」仕事を進めていること。**なんとなく仕事をしていると、業務は肥大化し、滞留し、過剰なものになっていきます。**これでは無駄が多く、仕事で結果を出すことはで

業務は過剰になる

期待以上の仕事をしようとするサービス精神が裏目に。サービスが自己満足になっていないか要注意だ。

業務は滞留する

上司の確認待ち、他部署との連携不足によって業務は滞留する。解消するには業務プロセスの見直しが必要。

きません。

　個人、チームを問わず、合理的な思考でもって仕事に取り組み、**業務をコントロールすることが価値創造につながります。**なんとなく動き出す前に、仕事の目的や効率的な段取りを考えることが「仕事のマネジメント」。仕事で結果が出せないのは、**才能がないからではなく、仕事のマネジメントができていない**から。

　仕事に対する取り組み方や考え方に合理性を持たせるだけで、仕事の質が確実に変わるでしょう。

How to manage Tasks No.1

付加価値を生む仕事と無駄な仕事を仕分けする

自分の仕事の価値をきちんと認識する

仕事をマネジメントするには、**まず自分の仕事がどのような付加価値を生んでいるかを認識すること**。そのうえで「付加価値を生む仕事」と「付加価値を生まないけれど必要な仕事」「無駄な仕事」の3つに分類します。

そして、まず**「無駄な仕事」をなくす**ようにして、「付加価値を生まないけれど必要な仕事」にかける時間を減らしていきます。これらの仕事

仕事のマネジメントの実践①
仕事における「付加価値」を明確にする

付加価値とは、仕事を通じて追加的に生み出される価値のこと。自分が携わる仕事がどのような価値を生み出しているかを明確にすれば、注力すべきポイントがわかり、生産性アップにつながります。

付加価値の例

営業
お客様の課題解決につながる商品やサービスを提案・提供すること
製造
高品質な製品を効率的に生産すること
接客
お客様に快適な時間や空間を提供すること

仕事のマネジメントの実践②

「無駄な仕事」を見つけて削減する

「やらなければいけない」と思っていた仕事が実は「無駄」だったということも。クオリティ重視、完璧主義といった日本企業の体質が裏目に出ると、無駄な仕事を生み出しがち。そしてこれらの仕事は増え続ける傾向にあるので、意識的に削減しなければいけません。

削減したい「無駄」の例

過剰な品質

議事録や社内資料などに「過剰な高品質」を求めるのは、代表的な無駄仕事。体裁に手間を掛けすぎず、中身で勝負すべき。

非効率的なチェック作業

確認事項や回覧先が増えて、無駄なチェック作業が発生。結果、当事者意識が低くなり、チェック精度も下がってしまう。

ゴールが曖昧なミーティング

議題や目的が不明瞭なミーティングも、よく問題になる無駄仕事。議題がないミーティングは中止・削減したほうがいい。

に対しては、〝時間を奪われている〟という意識を持つことが大事です。そして、「付加価値を生む仕事」だけに時間を注ぎ込めば、成果を上げることができるでしょう。「付加価値を生む仕事」に取り組むときにも、どのようにして生み出す価値を最大化するのか、どう動くのが一番効率的なのかを考え続けなければいけません。考えが煮詰まったら誰かに相談してみるなど、自分の力に限界を感じたら外部に助けを求めるのも一手です。

仕事のマネジメント②

仕事のプロセスを疑ってみよう

会報誌のデザインの修正回数が減らないデザイナーの場合…
どうして作業工数が減らないんだろう？
1
クライアントからの修正依頼が多いから
依頼したものとイメージが違います

「いつものやり方」が最適とは限らない

どうしてもミスが減らない、いつも想定より工数がかかってしまう——そんなときは、**現状の仕事のプロセスが最適かどうか、見直す必要がある**でしょう。

策定したときは「最適」とされていたプロセスで

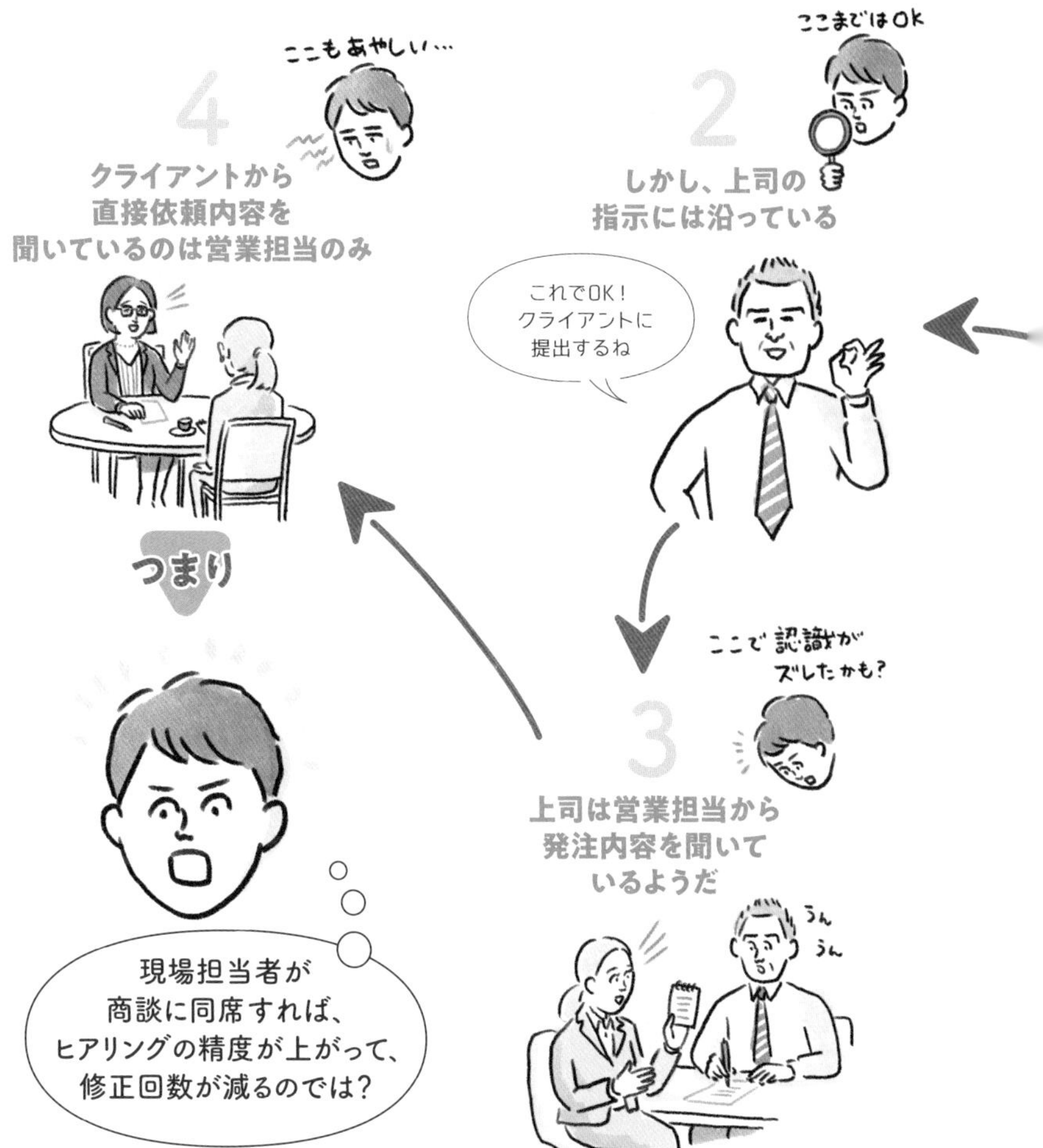

も、時間とともに陳腐化し、担当者の努力だけでは十分な改善につながらないことも。全体の工程を俯瞰してミスや不具合の原因を探り、**ときには上流にさかのぼっての、根本的な業務改善も必要**でしょう。

「現場担当者は上流の仕事と関係ない」と考えてしまいがちです。しかし、**現場で発生しているトラブルは、全体のプロセスに問題があることもしばしば。**常にプロセス全体の最適化を考えることが重要なのです。

How to manage Tasks No.2

仕事のマネジメントの本質は「源流管理」にある

仕事のマネジメントの実践①

ミスの原因を現場だけに求めない

日本企業の現場における仕事の正確さや緻密さは群を抜いています。そのため、ミスが発生したときも、現場だけでどうにか対処しようとしがちですが、ルールやチェック項目の増加は、現場の疲弊の原因に。

ミスの根本原因を追求するために

仕事のマネジメントを行ううえで知っておきたいのが「源《げん》流《りゅう》管《かん》理《り》」という言葉。製造業における品質管理・品質保証に関する用語で、商品の品質に問題があった場合、上流工程にさかのぼって根本原因を追求し、不具合の再発を防ぐという管理手法を指します。

　不具合が起きているのが現場だとしても、**現場だけで改善しようとすると、どうしても対処療**

仕事のマネジメントの実践②

いかに仕事のプロセスを“疑う”か

仕事のプロセスを疑うときに留意したい3つのポイントを解説します。

POINT 1 プロセスを「見える化」する

プロセスを俯瞰するには「見える化」が必須。自分の担当部分だけではなく、前工程、後工程も「見える化」する。

POINT 2 ミスの真因を探る

表面的な原因に対処療法的な対策を講じるのではなく、もう一歩深く「真因」を探ることが重要。

POINT 3 部分最適に注意する

自分の担当部分や部署のメリットだけを考えて、「部分最適」に陥らないように注意が必要。

仕事のプロセスは必ず陳腐化する

どんな機械でもメンテナンスをしないと故障してしまいます。それと同じように、優れた業務プロセスも定期的に見直さなければ必ず陳腐化し、非効率なものに成り果てるでしょう。今のやり方がベストなのか、常に疑い続ける姿勢が生産性アップにつながるのです。

法的になりがちです。加えて、チェック作業などの負荷が増えることで、非効率、コスト増となってしまいます。

仕事のプロセスを疑い、常に最適化をアップデートするのが「仕事のマネジメント」。**優れたプロセスも、いつか必ず陳腐化します**。「同じ方法で運用してきたから」「上司や先輩から言われたから」というのは思考停止。現状を疑い、より良い方法がないか頭を働かせ続けるのが優秀なビジネスパーソンの条件です。

仕事のマネジメント③

「失敗」や「パンク」を成長の糧にする

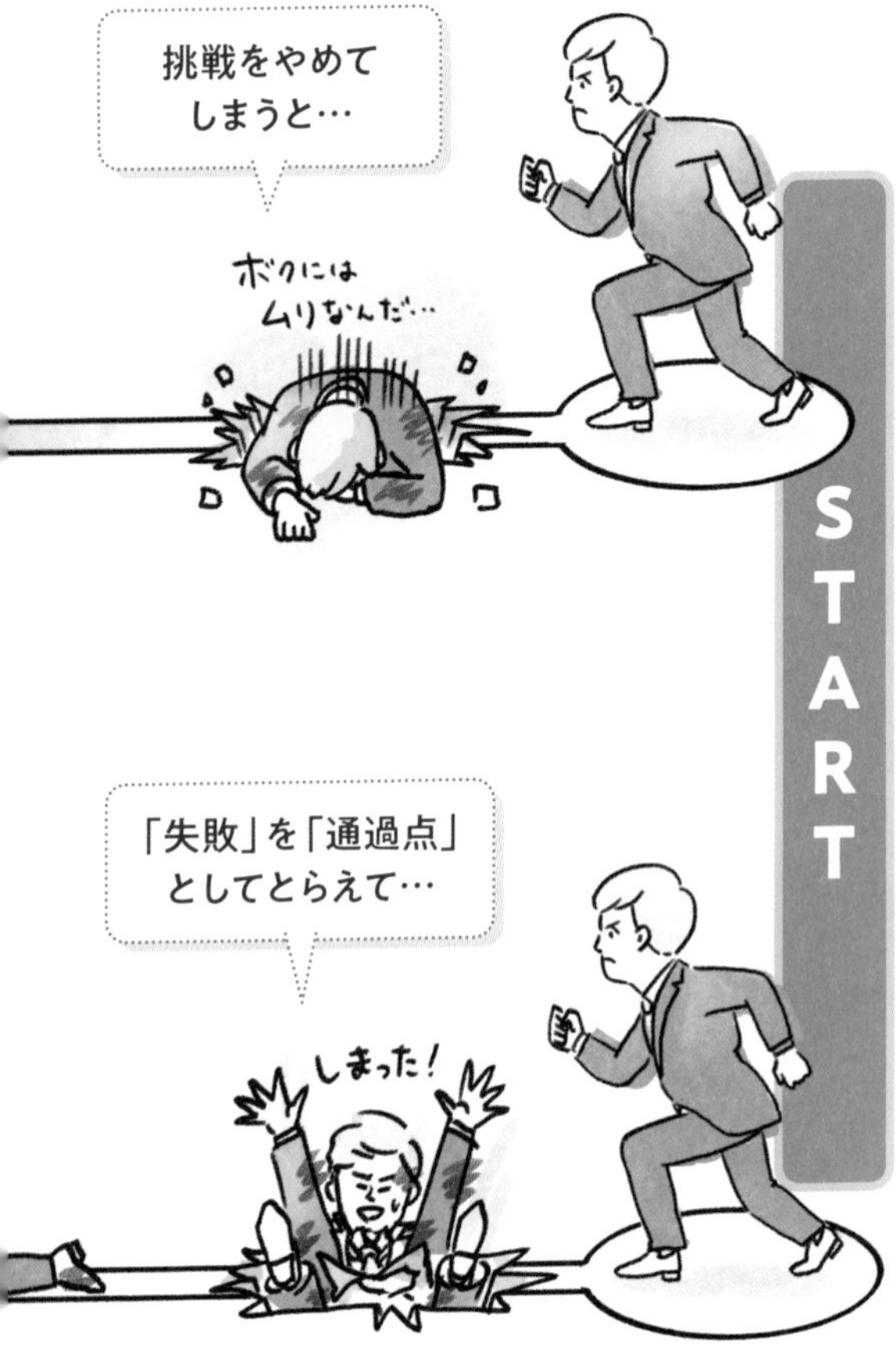
挑戦をやめてしまうと…
ボクにはムリなんだ…
「失敗」を「通過点」としてとらえて…
しまった!
START

失敗やパンクの先に成功がある

仕事を抱え込んでパンクしてしまったり、目標達成できなかったりといった経験を、「失敗」と切り捨てず、「**成長の糧**」と捉えるのも「**仕事のマネジメント**」の一環です。

失敗しても諦めず、そ

の原因を分析して次に生かせば、「失敗」ではなく、**「成功までの通過点」であり、「成長の糧」**となります。重要なのは失敗しないことではなく、**失敗したときの対応、繰り返さないための防止方法を考えること**です。

「失敗」になってしまい、
ゴール(成功)できない
GOAL
再チャレンジすれば
ゴール(成功)できる
もう1度!

「Fail Fast」の精神を持つ

マイクロソフトは「Fail Fast(早く失敗せよ)」というスローガンを掲げて、クラウドの会社へと生まれ変わりました。アイデアを試して、失敗で得た教訓をもとに新しいアイデアを試すのが成功への近道となるのです。

失敗は
ゴールへの
近道…

失敗しっぱなしはNG

失敗を恐れない姿勢は大事ですが、同じような失敗を繰り返すだけでは、その先に成功も成長もありません。失敗を成長の糧とするには、失敗の原因と向き合い、繰り返さないためにはどうすればいいか、思考を深めなければいけないのです。

失敗
じー

情報の種類と扱い方をマネジメントする

集めるのが大変
だからこそ、
貴重な情報になる！
SNSやネット掲示板などから得られる、真偽が不明な情報。調べ物の手がかりにはなるが、情報の価値は低い。
大量の情報が
得られるけれど、
デマや誤報も多く、
取り扱い注意！
Wiki
まとめ
情報
三次情報

情報の扱い方で仕事の成果が決まる

インターネットの発達により、さまざまな情報が気軽に入手できるようになりました。しかし、**誰でも無料でアクセスできる情報だけで、新たな価値を生み出すのは容易ではありません。**インターネットから得られる自分の直接体験や現場の観察、調査から得られるのが一次情報。鮮度が高く、他の誰も持っていない情報なので価値が高い。

誰かから見聞きした情報や、誰かが集めた情報を指す。専門家の知見がまとめられた書籍や、レクチャー動画などもここに含まれる。

有益な情報だけど、
まだ“価値”を
出すには足りない……
二次情報
一次

どのように情報を使い分ける?

二次情報や三次情報は、一次情報を獲得するための事前準備と位置づける。誰もがアクセスできる情報の価値は低いと認識すべき。

情報が役立つのは、未知の物事の大枠を理解したり、広範な意見を取り入れたりしたいときです。

　このように**情報の質や種類によって、扱い方を変えるのが「情報のマネジメント」**。情報の質は、情報の取得元によって分類でき、価値の高いものから順に、自分が取得元である「一次情報」、第三者が取得元の「二次情報」、取得元が分からない「三次情報」となります。自ら動いて獲得した「一次情報」こそが、差別化につながるのです。

一次情報の中から「予兆」をつかむことが重要

情報のマネジメントの実践①

価値ある一次情報を入手するには

一次情報とは、自分が直接見聞きした情報や、アンケート調査などを通して取得した情報。自らサービスを体験したり、調査対象を観察して入手します。専門の調査機関に依頼して、情報を集める方法も。

一次情報の入手例

① 自分で体験する

行列に並んで話題のスイーツを食べに行くなど、自分で実際に体験して情報を入手。顧客体験をトレースできるメリットも。

② 現場を観察する

現場を観察して、客のリアクションやオペレーションに関する情報を仕入れる。顧客ニーズやオペレーション改善のヒントに。

③ アンケート・データを取得する

リサーチ会社によるアンケート実施の他、AIによる行動データの分析など。①や②よりも、市場を俯瞰的に観察できる。

一次情報からしか「予兆」は得られない

「情報のマネジメント」の目的は、新しいビジネスチャンスを生み出したり、業界の未来を予測したりすること。そのためにはまず、**価値ある一次情報を自分の足で探し出すことが重要**になってきます。

調査レポートや書籍といった**理解しやすい形にまとめられている二次情報に比べると、一次情報は自分の足で集めた情報をまとめたり、考察を**

情報のマネジメントの実践②

一次情報と二次情報のメリット・デメリットを知る

一次情報と二次情報、それぞれのメリット・デメリットを見てみましょう。

メリット

- 情報の独自性
- 信頼性が高い
- アウトプットの差別化が図りやすい

デメリット

- 入手するのに時間と手間、コストがかかる
- 情報を読み解く必要がある

メリット

- 情報の幅が広く、わかりやすくまとめられている
- 入手しやすい

デメリット

- 誰でも入手可能
- 古くなりがち
- 精度や粒度がまちまち

情報のマネジメントの実践③

一次情報から未来の「予兆」をつかむ

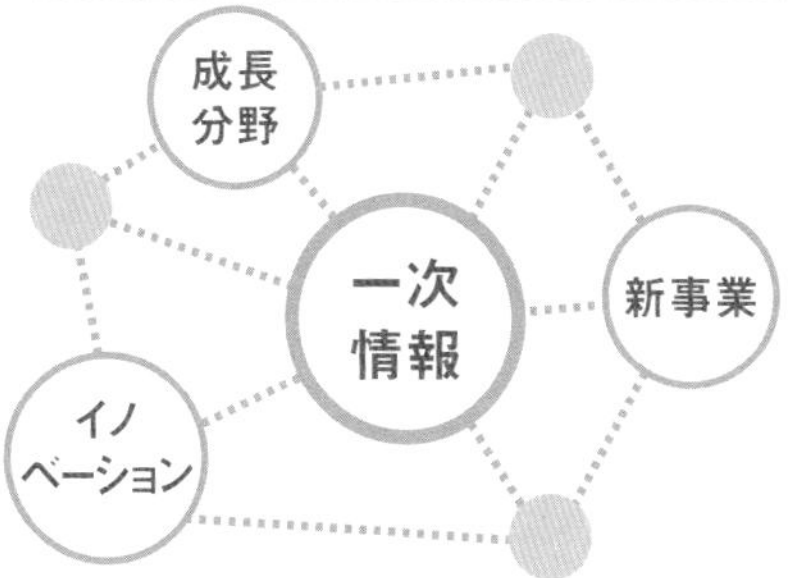

イノベーションの鍵となる「予兆」は、「うまくいかない」「不便だ」と感じる未成熟な部分に隠れていることが。また、「失敗」もイノベーションのタネとなる可能性を秘めています。予兆をつかむためには、情報に対する鋭い観察眼と想像力が必要です。

入れたりもしなければならず、入手するのが難しいもの。しかし、入手の難易度と比例して、情報の価値も高くなります。そして、徹底した現場調査やアンケートから取得した、リアル感のある一次情報には、未来の「予兆」が隠されています。

　手に入れた情報からその分野の未成熟な部分に着目し、**これからどんなことが起こりうるのかといった未来の「予兆」を読み取る**のが、一次情報の真価を発揮するための重要なポイントとなります。

感情のマネジメント❶

仕事をするうえで「感情」を侮ってはいけない

できていないと…

仕事の質が下がる
イライラして仕事が雑になってしまったり、自信が持てなくて消極的になったり……感情と仕事の質は密接につながっている

モチベーションが下がる
感情に振り回されると、誰かのちょっとしたミスや軽い叱責など、ささいなことでモチベーションが下がり、生産性が低下する

ネガティブ感情が仕事に与える影響

「ビジネスでは感情的になったほうが負け」とはよくいわれますが、**きちんと自分の感情をコントロールするのは容易ではありません。**ミスを指摘されたことに動揺して、さらにミスを重ねてしまったり、納得のいかない叱

感情のコントロールが

周囲の士気が下がる
ネガティブな雰囲気は思っている以上に、
周囲に伝わるもの。自分の感情が同僚
たちの士気まで下げてしまうことが……

責を受けてムッとした態度をとってしまったり。こうした経験は誰にでもあるはずです。

　しかし、ネガティブ感情をコントロールできないと、仕事の質が下がるだけでなく、「仕事にムラっけがある」「ビジネスパーソンとして信頼できない」といった**マイナス評価につながる**ことも。

　反対にポジティブ感情は高評価につながります。前向きに仕事に取り組む人には、同じくポジティブな人や、やりがいのある仕事が集まるでしょう。

How to manage Emotion No.1

感情の「働き」と「表れ方」を知ろう

感情マネジメントの実践①
ネガティブな感情の働きを知る

感情をマネジメントするうえで厄介なのが、「怒り」「不安」「憂鬱」などのネガティブ感情。これらの感情をコントロールするのが苦手な人は、知識としてネガティブ感情を客観視するところからはじめてみましょう。

怒り＝相手を遠ざける

イライラや不快感を覚えたりしたときに表れる「怒り」の感情には、相手を遠ざける働きがある。

不安・恐怖 ＝相手から遠ざかる

相手から遠ざかりたい、関わり合いたくないと感じるときは、「不安・恐怖」の感情が作用している。

悲しみ・憂鬱 ＝人に助けを求める

「悲しい」「つらい」「苦しい」といった感情を抱くのは、誰かに助けを求めたいとき。

感情を知ることがマネジメントの一歩

感情とは頭（理性）ではなく、心（情緒）の働きです。心の働きをコントロールするための第一歩は「感情を知る」こと。**特にネガティブな感情をコントロールするうえでは、自分が抱いている感情の種類や働きを把握することが重要に。**たとえば、感情のマネジメントの一種であるアンガーマネジメントでは、不安や恐怖、疲れを感じている自分に気付くことが、

感情マネジメントの実践②

どこに感情が表れるかを知る

感情が表れやすいのが、「言葉」「表情」「ボディランゲージ」の3つ。
自分はどんなところに感情が表れやすいのかを知ることで、
自分を上手に制御しましょう。

感情が表れやすいポイント

① 言葉・口調

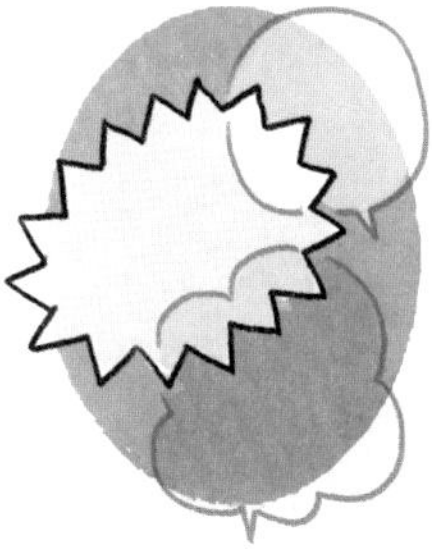

怒りが原因で攻撃的な発言をしたり、不安から自信なさげな口調になったりと、感情が表れやすい。意識的にポジティブな言葉を使うことで改善可能。

② 表情

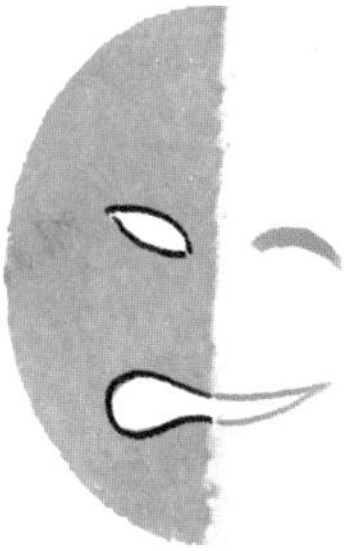

眉間にしわを寄せる、目を合わせないといった表情は、相手に心理的な負荷を与えがち。常日頃から柔らかい表情を心がけよう。

③ ボディランゲージ

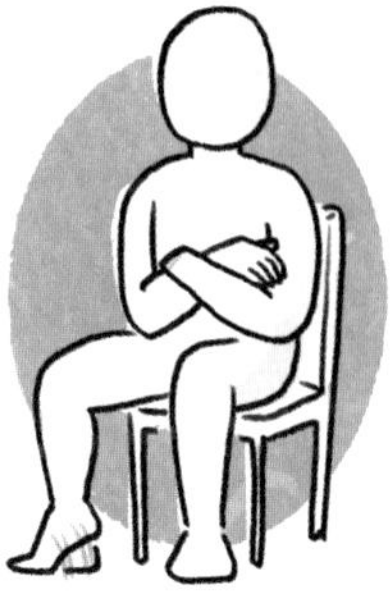

最も無意識的に感情が表れてしまうのがボディランゲージ。腕組み、貧乏揺すり、舌打ちなどは特にネガティブな印象を与えるので、注意が必要だ。

怒りのコントロールの第一歩とされています。

また、感情を完璧にコントロールできなくても、**立ち居振る舞いをコントロールすることで周囲に与えるマイナスの影響を最小化**することが可能です。表向きは平静を保ち、その間に感情を落ち着けるというテクニックも大いに役立つでしょう。

感情マネジメントの目的は、あくまで感情の働きや周囲への影響をコントロールすること。「性格を変える」「感情を抑制する」とは別物です。

感情マネジメントの鍵は「客観視」にあり

もう新人じゃないんだから、おかしいなと
思うことがあったら自分から確認しないと～。
「聞いてません」じゃ、
もう通用しないよ。
それに……

感情を「客観視」するには?

自分が置かれている状態を定点カメラや第三者の目線で眺めてみよう。「理不尽に怒られて落ち込んでいるなあ」と、その状況をノートや日記に言語化してみるのも有効。

感情を受け止めても流されない

感情を上手にマネジメントするには、**感情を受け止めながらも、自分を客観視する態度とそのための努力**が欠かせません。

例えば、仕事中に不安になりやすい人なら、不安になっている自分を受け止めたうえで、「仕事が

上司にも非があるんだから
落ち込みすぎないで！
それよりどうリカバリーするかを考えよう！
つらいけど私なら
乗り越えられる！
がんばれ私!!

忙しいときに、苦手な業務を頼まれたから不安になっているんだな」と**〝もう一人の自分〟になったつもりで、自分を観察**してみましょう。すると、感情に流されず、落ち着いた態度を保てます。

　ここでポイントとなるのが、自分の感情を一度受け止めること。**感情を無視したり、否定したりすると、かえってその感情を増幅させてしまいがち**です。客観視の習慣が身につけば、自分の弱点を見極めて改善するのにも役立ちます。

How to manage Emotion No.2

感情マネジメントがもたらすメリットとは？

感情マネジメントの実践①

感情マネジメントは「ほどほど」を目指すべし

適度なネガティブ感情は「慎重になる」などのメリットがありますが、過剰なポジティブ感情は「軽率になる」などのデメリットをもたらします。このように、感情は「ほどほど」な状態をキープするのが理想的。就業中は感情が過剰にならないよう注意が必要です。

ポジティブ感情も
ネガティブ感情も
「ほどほど」が一番

ネガティブ感情にもメリットがある

感情を上手にマネジメントできるようになってきたら、感情がもたらすメリットも意識していきましょう。ポジティブな感情についてはP103で触れましたが、実はネガティブ感情にもメリットがあるのです。「不安だからこそ用意周到になる」「怒りによって本気度を伝えられる」といった例が考えられます。しかし、どちらも過剰になってしまうと、相手から受け入れ

感情マネジメントの実践②

「感情の伝播」を上手に利用する

個人の感情は周囲に伝播する。
感情マネジメントはチームマネジメントにもつながります。

ネガティブ感情が伝播すると…

- 意見が言いづらい
- 思考が内向きになる
- モチベーションが下がる

ポジティブ感情が伝播すると…

- 心理的安全性が高まる
- 思考が外向きになる
- 創造的な意見が増える

ポジティブ感情のアウトプット技術を身につけよう

朗らかな表情や明るい声からはポジティブな感情が伝わってきます。裏を返せば、そうした立ち居振る舞いを心がければ、意識的にポジティブな感情を伝えられるということ。技術として身につければ、チームや組織全体の雰囲気や空気感を変えられます。

られません。**「ほどほどに感情的」であることが、感情マネジメントの上級テクニック**なのです。**感情を上手にコントロールすれば、自分だけでなく周囲のモチベーションやパフォーマンスを向上させる**ことも可能。メンバー同士がポジティブな感情を共有しているチームは、間違いなく生産性が高まります。**「言葉」や「表情」といったツールを意識的に活用**して、感情マネジメントのメリットを周囲にも伝播させましょう。

関係性のマネジメント

さりげない「気遣い」や「根回し」がビジネスを円滑に回す

による好循環の例

相手の立場になって
さりげない気遣いをする
もし自分が
Aさんなら
どうして
ほしいかな？
Aさん
自分
そして仕事が
円滑に進むと……
自分に対する信頼が増す
=「味方」「ファン」になる
おかげで
助かったよ

気遣い・根回しは「関係性のケア」

ビジネスを円滑に回すためには、同僚への気遣いや上司への根回しなど、面倒に思ってしまいがちな**「仕事上の人間関係」を、きちんとマネジメントすることが欠かせません。**

そのときに、「好かれよう」「仲良くしよう」

業務は合理的に
人間関係は情緒的に

マネジメントの基本は「合理性」だが、人間関係に対して合理的に対応しようとすると、かえってこじれてしまいます。業務は合理的に取り組むべきですが、人間関係については相手の気持ちを思いやる、情緒的な対応が不可欠。

「根回し不足」に
足をすくわれる!?

「根回し」というと、日本企業の悪しき習慣というイメージがあります。しかし、関係者の面子を立てたり、ややこしい話を前もって通しておくと、仕事の進みがスムーズに。自分が動きやすい環境を作る適切な「根回し」は重要です。

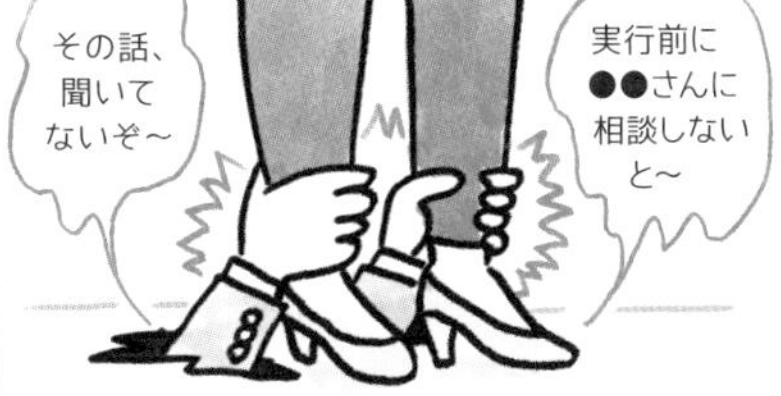
実行前に
●●さんに
相談しないと～
その話、
聞いてないぞ～

良好な関係性

気遣いを続けると
好循環に
Chance
より大きなチャンスに
つながる!
今度の
大型プロジェクトに
推薦したから
味方や
ファンが
増えると……

とするのではなく、仕事を円滑に進めるうえで必要なところに適切な気遣いを心がけましょう。「関係性のケア」が、目的達成の近道になるのです。

期待値マネジメント

期待しなければ「がっかり」も「困った」も減る

期待しすぎると…

頼まれていた
作業が
間に合いません
えっ
あなたならこのくらい
すぐできると思ってたのに

期待していなければ…

頼まれていた
作業が
間に合いません
オッケー。
今ちょっと
余裕あるから
手伝うよ
終わらないかも
と思って
時間作っておいて
よかった~

「期待する」ことが裏目に出る？

「期待する」という行為には、ポジティブなイメージがある反面、過度な期待が思わぬ不満を招いたり、プレッシャーになったりといったマイナス面も。**「期待」とそれに紐づく心理状態をマネジメントするのがポイント。**

他者からの「期待値」をコントロールするには？

自分に対する他者からの期待値を高めすぎると、期待に応えられないときにがっかりされてしまうことが。過度な期待を抱かせないためのコントロール術を紹介します。

① できないことを「できる」と言わない

できないことを期待させても、最終的には不満を抱かせてしまうだけ。挑戦は大事だが、「無謀な挑戦」はおすすめしない。

② 苦手な仕事は避ける

自分に適性がない仕事は、できるだけ避けること。ただし、「逃げ」「他メンバーへの押し付け」にならないか要一考。

③ 相手の「期待」を把握する

相手が自分に何を期待しているかが把握できれば、的確に期待に応えたり、応えられないことを伝えたりすることができる。

自分への期待値をストレッチさせる

他者への期待は抑制するべきだが、自分への期待はストレッチさせるべきだ。「自分なんて」と卑屈になるのではなく、「自分ならこのくらいできるはず」と自分に期待し、背伸びをすることによって、殻を破って成長することができる。

現実が
期待値より低いと
不満が上昇し、
業務に支障が
出ることも

現実が
期待値通りなら
不満は出ず、
業務のリカバリーも
容易である

上手な「期待値マネジメント」のコツは、**相手を期待させすぎないこと、他者に期待しすぎないこと、**そして自分に「現実的な期待」を持つことです。

マネジメントのTips

マネジメントを実践するための方法論

日々の仕事でのマネジメントを実践するために
有効な「方法論」を解説。

1

目標を定める

何のためにマネジメントをするのか、まず目標を設定する。その際、目標が適切かどうかを精査しなければいけない。

▼

2

観察する

自分が置かれている状況、リソース、目標の達成条件などを観察して、何が必要なのかを考える。チームメンバーも観察対象となる。

▼

3

情報収集

目標を達成するのに必要な知識や情報などを集める。いかに有用な情報が集められるかが、マネジメントの成功を決める。

▼

4

分析する

観察や情報収集から手に入れた材料をもとに、あらゆる角度から状況を分析する。合理的かつ客観的な思考が求められる。

これまでマネジメントの考え方や、単位、対象について解説してきました。**これらの理論を実践して成果を生み出すためには、適切な方法論を知っておく**ことが必要です。

まず目標を定めたら現状を観察し、必要な情報を集めて分析。材料が揃ったところで状況を俯瞰して、優先順位を決めたら、効果的な施策を適切に遂行する、というのが理想的な流れです。

目標が明確でなかったり、情報収集や分析が充分でなかったりと、**流れのどこかに問題があるとマネジメントに失敗**します。何事も合理的かつ適切に取り組むのが大事なポイント。

5

俯瞰する

分析結果をもとに、改めて目標達成の必要条件や手持ちのリソースを俯瞰する。不足や矛盾があれば、計画を見直してみる。

▼

6

優先順位決定

「やるべきこと」が見えたら、何から遂行するか優先順位を決めていく。自分でやるか、メンバーに任せるかについてもここで判断する。

▼

7

施策策定

「やるべきこと」を、最も効果的かつ実現可能な施策（打ち手）に落とし込む。アクションプランやスケジュールも検討する。

▼

8

適切に遂行

策定した施策を適切に遂行していく。遂行しながらも、継続的に観察・分析・俯瞰を行い、最適化を怠らないことが重要だ。

Management Column - 05

マネジメントの全体像

Chapter4で見てきたマネジメントの要素を図にまとめると、下記のようになります。「仕事に関する要素」と「人に関する要素」に分類できますが、これらの要素は独立したものではなく、密接に関連しているので、全体像を把握したうえで、上手にマネジメントすることが重要なのです。

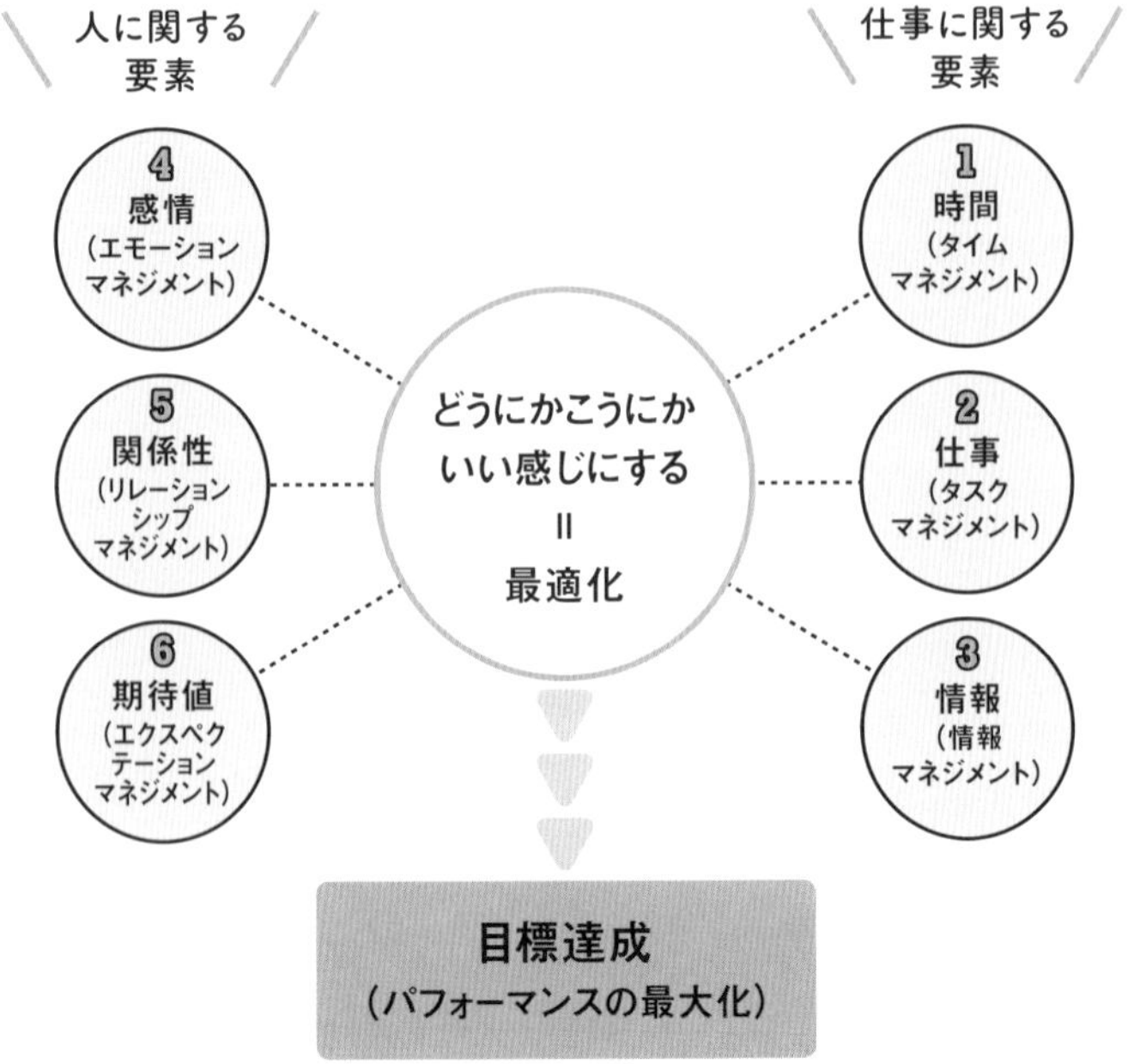

Chapter 5

デジタル時代のマネジメント

デジタル化が進んで、便利なツールが増えていく一方で、マネジメントの難易度は増していくでしょう。リモートワークの状況下でも機能する、デジタル時代のマネジメントスキルを解説します。

ネジメントが変わる!?

リモートワークとは、働く場所が変わるというだけではありません。マネジメントの難易度や複雑性がますます高まり、マネジメント能力によってパフォーマンスが大きく左右されるように。どのような変化が起きるのでしょうか。

タスク管理

リモートワーク中は
自分で自分を管理する
しかないため、
リモート化が進んだ社会では、
高いタスク管理能力が
求められる。

仕事環境

オフィスとは違って、
自宅は仕事をするのに
向いていない。
自宅の仕事環境を
整えるのも
リモートワークの一環。

リモート化が進むとマ

コミュニケーション

会話がメールに
置き換わるだけじゃない！
オンライン上での
コミュニケーションに
慣れていない人は
注意が必要。

評価・育成

目の届かない
場所にいる部下を
どうやって評価する？
人を育てるにも
リモート時代ならではの
工夫が必要に。

メンタルケア

リモートだからこそ
起きる新たな悩みも。
気軽に会話できないし、
表情や態度から
察することができない……。
どう対応すればいい？

リモートワークの
メリット・デメリット
その1

リモートワークの普及で得する人と損する人がいる

リモート化が進んだポストコロナの世界は“プロでない人”に厳しい

ポストコロナの世界では、働く姿が目に見えなくなります。そのため、「成果物で仕事を評価される」ことが増えるのです。高い評価を得るためには、「高品質な成果物を出せるプロ」を目指すことが求められるように。

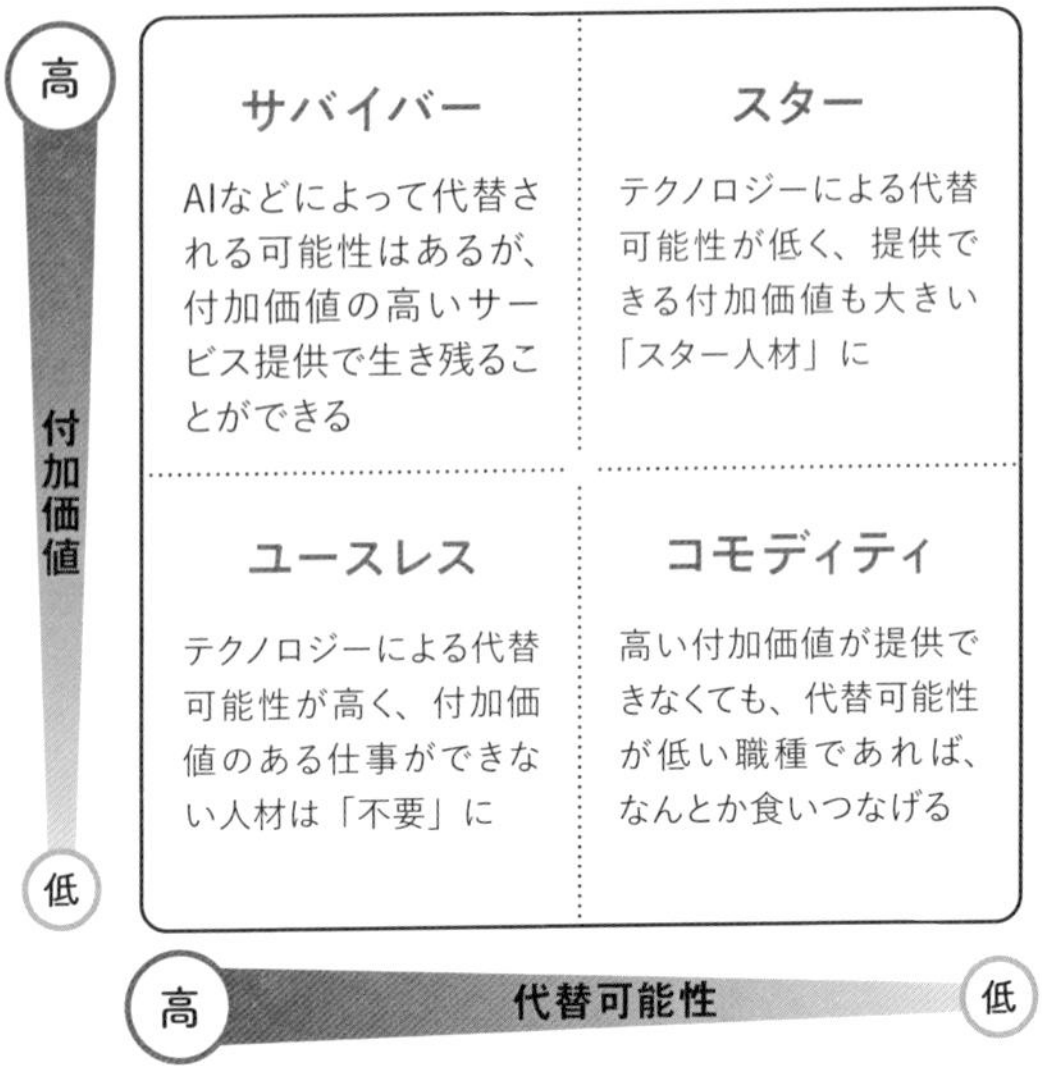

高
付加価値
低
サバイバー
AIなどによって代替される可能性はあるが、付加価値の高いサービス提供で生き残ることができる
スター
テクノロジーによる代替可能性が低く、提供できる付加価値も大きい「スター人材」に
ユースレス
テクノロジーによる代替可能性が高く、付加価値のある仕事ができない人材は「不要」に
コモディティ
高い付加価値が提供できなくても、代替可能性が低い職種であれば、なんとか食いつなげる
高
代替可能性
低

職場でのポジションだけでなく、職種としての「付加価値」や「代替可能性」についても考えなければいけなくなる。

リモートワーク適応が得する人の絶対条件

これまではオフィスに出勤して仕事をするのが、「普通の働き方」でしたが、リモート化が進むことによって、どんな変化が起きるのでしょうか。

まず、ポジティブな変化として、企業はオフィスコストなどが削減できる、優秀な人材が確保しやすくなるといったものが、社員は**通勤時間が削減できる、自由時間が増える、オフィス所在地に縛られずに働ける**こと、

リモートワークに適応できないと確実に損をする

「自律」ができないために成果を出せなくなり、損をしている人も多いはず。リモートワークのメリットを享受して“得をする”ためには、自分で自分を律して、意識的かつ積極的にリモートワークに適応する必要があるのです。

適応している人

- 自己管理を徹底している
- 自力で業務を推進できる
- 適切な報連相を行える
- 業務品質を担保できる

リモートワークの
メリットを享受して
“得をする”

適応できていない人

- 人の目がないと怠けてしまう
- 監督・指導がないと動けない
- タスク管理ができていない
- オンラインコミュニケーションが苦手

リモートワークで
成果が出せず
“損をする”

などが挙げられます。

　もちろん、ネガティブな変化もあります。企業にとっては情報セキュリティ対策が必要となる、社員の帰属意識が低下する、人事評価が難しくなるといったデメリットが。また、仕事環境の変化やコミュニケーション不足などに難しさを感じる社員もいるでしょう。

　こうしたデメリットを解消して、リモートワークに適応できるかどうかが、「得をする人」と「損をする人」の分かれ目となるのです。

リモートワークの
メリット・デメリット
その2

リモートワークの現場で何が起きているのか

2020年4月以降 リモートワーク実施率は約2.5倍に

緊急事態宣言をきっかけにリモートワークの実施率は増加傾向にあります。業種による違いや、社会情勢の変化に伴う増減はありますが、これからは「リモートワークスキル」が必須になることが予想されます。

業種別リモートワークの実施率

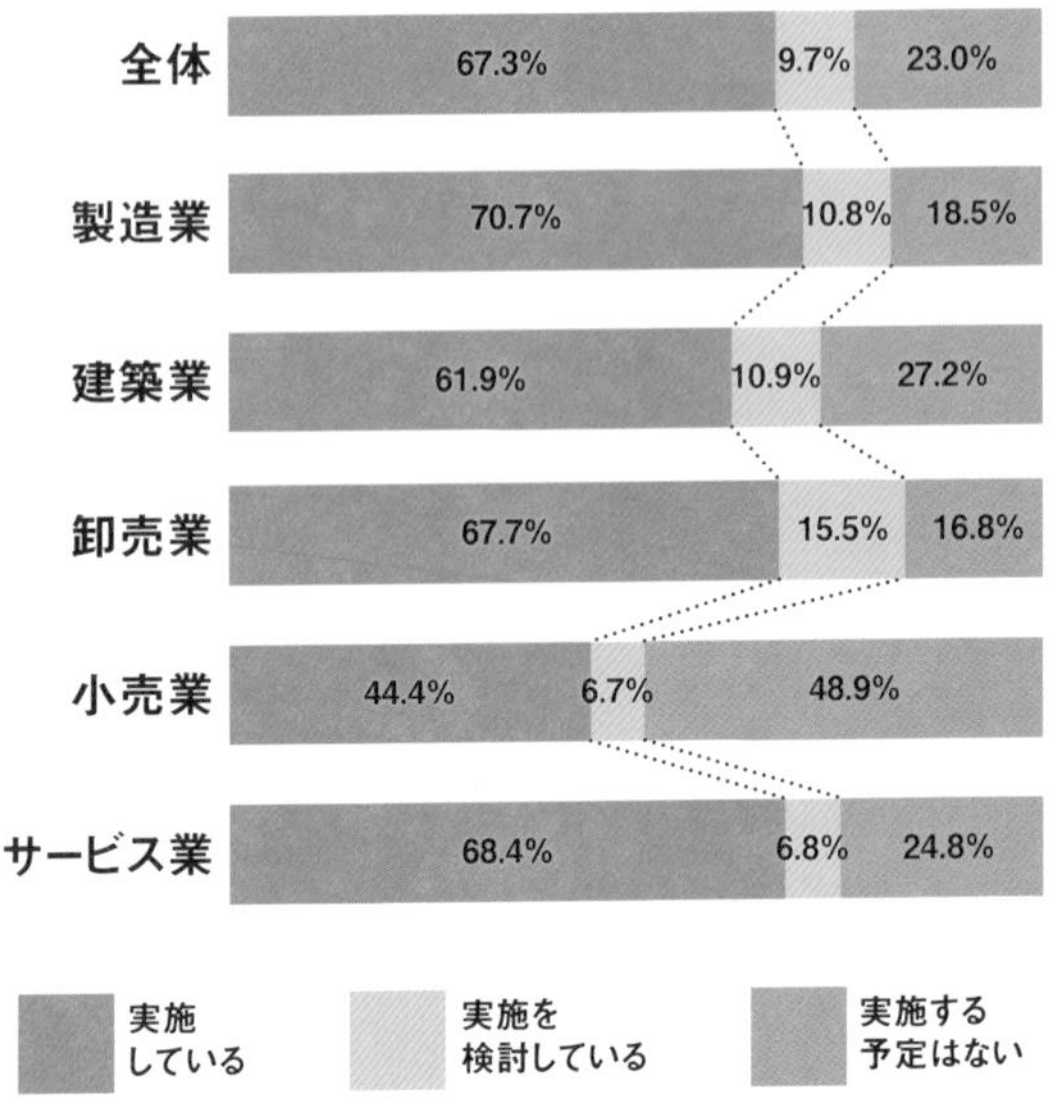
全体
67.3%
9.7%
23.0%
製造業
70.7%
10.8%
18.5%
建築業
61.9%
10.9%
27.2%
卸売業
67.7%
15.5%
16.8%
小売業
44.4%
6.7%
48.9%
サービス業
68.4%
6.8%
24.8%
実施 している
実施を 検討している
実施する 予定はない

出典：東京商工会議所「テレワークの実施状況に関する緊急アンケート」

リモートワークのリアルとは？

社会情勢を背景に急ピッチで押し進められたリモートワークには、**当然デメリットや課題が散見されます。**

リモートワークの現場で課題として挙げられているのが、**「コミュニケーション不足」「仕事環境の未整備」「帰属意識の低下」「評価への不安」「プライベートとの線引きの難しさ」**など。これらの課題を解決するのにも、マネジメントが役に立ちます。

まだまだ課題も多い？

リモートワークのデメリット

多くの日本企業にとって、リモートワークはまだまだ発展途上。デメリットがメリットを上回ってしまい、オフィス出勤に切り替えたという人も少なくありません。

リモートワークの課題、どうすればいい？

リモートワークの課題を解決するには、個人の努力だけでなく、会社側の協力も必要。両者が課題を共有し、協力し合って課題解決を目指す姿勢が重要だ。

自宅の環境が
仕事に適していない
ニャー
ぶぅぅ〜んっ

仕事とプライベートの
線引きが難しい
見て見ぬフリしたい…

社内外との
コミュニケーションに
難がある
聞きづらい…

「2S」や「最適化」によって自宅の環境をリモートワーク向けに整え、他人の目がなくてもセルフマネジメントによって生産性を高く保ち、チームマネジメントの考え方を応用してコミュニケーションを充実させる――このようにリモートワークに適応することができるでしょう。

リモートワークにかかわる課題が浮き彫りになってきた**今こそ、一人ひとりのマネジメント力を高める**ことが重要になります。

マネジメントされる側もする側も意識変革が求められる

マネジメントされる側は…

高いセルフマネジメント能力が
求められるように

上司も先輩もいない
状態でどうやって
仕事をすれば…？
自宅で
ちゃんと
仕事が
できるかな…
わからないことが
あったら
どうしたらいい？

リモートに順応するスキルを身につける

働き方の変化によって、マネジメントされる側の人は上司や先輩の目がなくても自律的に仕事をするスキルが求められるようになりました。そして、マネジメントする側の人は目の届かないところにいる部下やチームメンバーをマネジメントするためのスキルが必要となっています。

どちらの立場においても、**今までの働き方とは異なる新たなスキルが求**

マネジメントする側は…

顔が見えない部下をマネジメントする スキルが求められるように

目の届かないところで
部下たちは
ちゃんと仕事してる？
リモートワークに
上手く対応できない
人をどうケア
すればいい？
業務経験が浅い人を
孤立させない
ためには？

められるように。これを受け入れ、身につけるための努力が不可欠です。そして、**これらのスキルを「デジタル時代のマネジメントスキル」**と呼ぶことができるでしょう。

どこに重点を置いて努力をすれば、「いい感じ」にリモートワークができるのか。次ページから、「部下編」と「上司編」に分けて、デジタル時代のマネジメントについて解説し、デジタル時代に欠かせない新たなスキルも紹介していきます。

デジタル時代のマネジメント実践

社員編 01

リモートワーク中のボスは「自分」

「働く」空気とリズムを自分で作る

生活空間である自宅で働くには、気持ちの切り替えがポイント。自分を「働く気分」にさせるためのテクニックを見つけて磨こう。

今日からオレは
オレの上司だ…

リモートワークは怠け心との戦い

リモートワークにおける**最大の敵は「自分自身の怠け心」**と断言しても良いほど、**自宅で効率良く仕事をするには高いセルフマネジメント能力（→P29〜）が求められます。**オフィスでは周囲の雰囲気に合わせて仕事を進められていた人でも、他人の目がない自宅では、ついスマホを触る時間が増えてしまったり、仕事を始めるまでに時間がかかったり……。

仕事が捗る“リズム”を作る

実践すればリモート上手になれる！
自宅でも仕事が捗る“リズム”を作るためのテクニックを紹介。

リズム作りの実践 - 01

始業時間と終業時間を決める

オフィスと同じように就業時間を設定することで、「だらだら仕事」を防止。仕事とプライベートとのメリハリもつけられる。

リズム作りの実践 - 02

仕事にふさわしい服装に着替える

気持ちの切り替えが苦手な人は、在宅でもスーツに着替えるなど、仕事をはじめるための「スイッチ」を作るのがおすすめ。

リズム作りの実践 - 03

ランチタイムや休憩時間を定める

リモートワーク中も「時間」によるマネジメントを基本とする。ルーチンに則って働けばOK、という環境を作ろう。

この状況を打破するのに有効なのが、**自分が自分のボス（上司）というマインドセットを持ち、仕事が捗る「リズム作り」を心がけること。**

セルフマネジメントの基本②で解説した「ルーチン」（→P40）を設定し、働くための空気感やペースを自分で作る必要があります。怠け心に流されてしまっていないか、成果物のクオリティが落ちていないか、**自分で自分をマネジメントする意識を高める**ことが重要なのです。

デジタル時代の
マネジメント実践

社員編
02

仕事が捗る環境を整える

自宅は誘惑だらけ!

自分の好きなものがたくさんある自宅は“誘惑の宝庫”。集中力が続かない人は、まずはそのことを認識して、環境改善に取り組もう。

紅茶とクッキーで休憩しない？
昨日のドラマの続きを見ましょう！
TEA
Cookie
ちょっとだけ動画見ちゃお♪
1冊だけ読んでみない？
マンガ

「働ける自宅」に改造するには？

リモートワークで成果を上げるための第一歩となるのが、**仕事が捗るように自宅環境を整えること。**リモートワークがはじまった当初、ワークスペースがなくてキッチン台にPCを置いて仕事をしている、ネット環境が整っていなくてビデオ会議に参加できない、といった不都合が多発したといいます。なぜなら、多くの人にとって、自宅は仕事から帰ってきて、疲れた

仕事が捗る環境の作り方

環境作りの基本となる3つのTipsを解説。
誘惑だらけの仕事環境にさようなら!

環境作りの実践 - 01

ワークスペースを作る

ワークスペースには、PCや資料など仕事に関係のあるものだけを置くようにする。生活空間と別に仕事部屋を作れれば理想的だ。

環境作りの実践 - 02

仕事に関係ないものを片付ける

仕事部屋を確保できない場合は、テレビやマンガなど集中の妨げになるものを片付ける。視界に入らないよう模様替えするのも一手だ。

環境作りの実践 - 03

「仕事用BOX」を作る

ガジェットや書類といった仕事道具を箱などにまとめておいて、箱を開くことを仕事開始のスイッチに。オンオフの切り替えにも有効。

心身を休めるための場所。オフィスとは異なり、**そもそも働くのに向いていない環境**だからです。

では、どこから整えていくべきかというと、**まずはワークスペースを作るところから**。仕事に関係のないものを片付けるなどして、オフィスのデスクに近い状態を作りましょう。テレビや本棚が目に入ると気が散る人は、壁向きにデスクを設置するのも有効。

自宅環境にも「2S」を徹底すれば、効率的に仕事をこなせるはずです。

デジタル時代のマネジメント実践

社員編 03

仕事の優先順位を「見える化」する

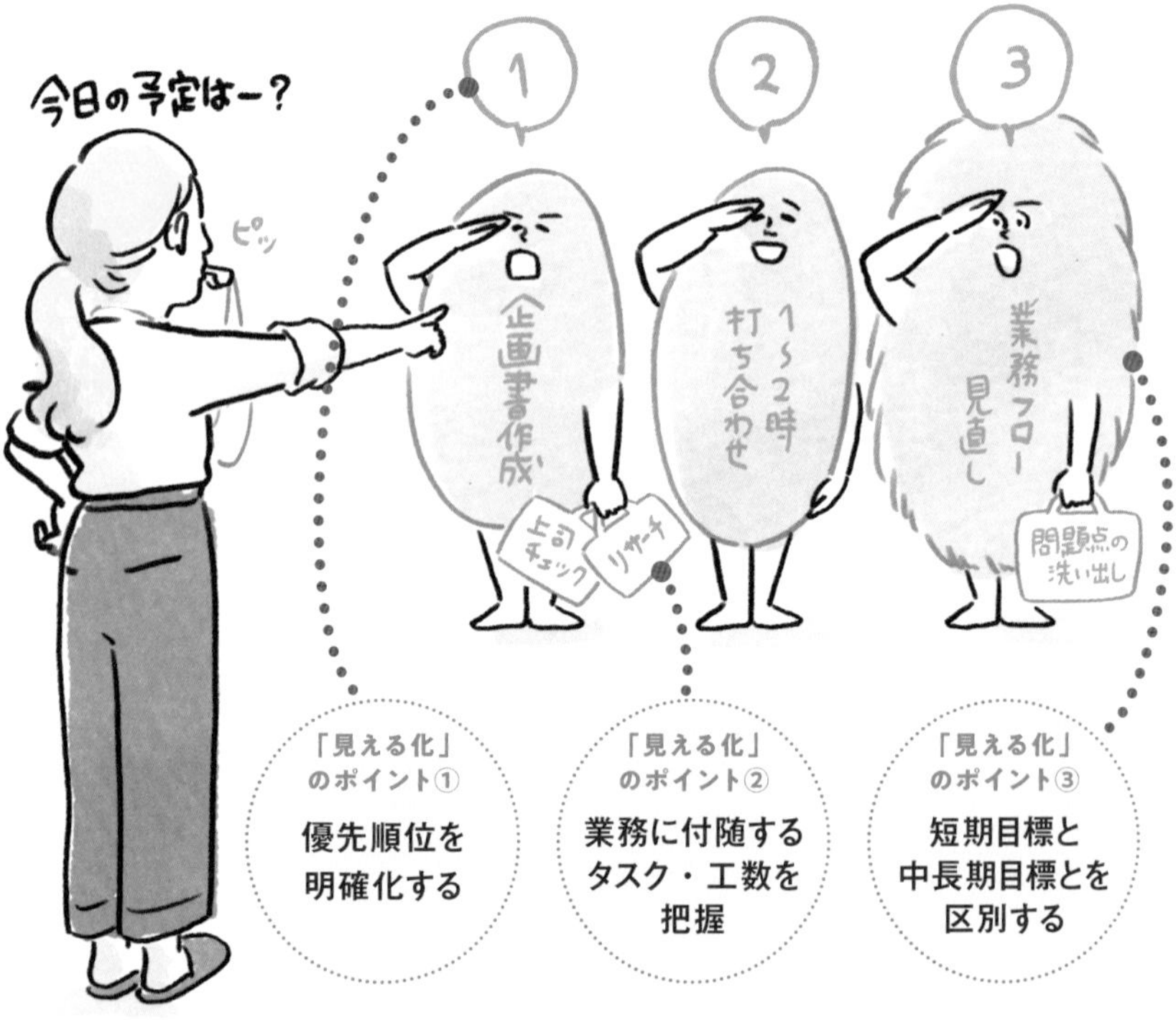
今日の予定は一？
ピッ
1
企画書作成
上司チェック
リサーチ
2
1～2時打ち合わせ
3
業務フロー見直し
問題点の洗い出し
「見える化」のポイント①
優先順位を明確化する
「見える化」のポイント②
業務に付随するタスク・工数を把握
「見える化」のポイント③
短期目標と中長期目標とを区別する

ToDoの管理を徹底しよう

オフィスにいれば、作業ごとに上司の指示を仰ぐこともできますが、リモートワーク中は**「何をいつまでに、どのように終わらせるべきか」を自分が主体となって管理し**ないといけません。

そのためには、まずやるべき仕事を洗い出して、工数や優先順位を「見える化」する必要があります。そこで役に立つのがP38で解説したToDoリスト。**常にToDoが**

仕事を「見える化」する

ToDoリストの作成をはじめとした、
「見える化」のためのテクニックを解説する。

「見える化」の実践 - 01

ToDoリストを作る

「見える化」の大原則となるのがToDoリスト。Chapter2で解説したものをベースに、自分が使いやすいようにアレンジしてもOK。

「見える化」の実践 - 02

タスク完了の期限を決める

明確な期限が決まっていないタスクをずっと抱え込むのは望ましくない。自分で期限を決めて、常に「納期」を意識してタスクをこなそう。

「見える化」の実践 - 03

上司に日報を見てもらう

タスクの抜け漏れや、段取りの不備がなくならない場合は、上司や先輩に日報を提出して、チェックしてもらうという奥の手も。

明確になっているのが、「仕事ができる人」の条件。

タスク管理やスケジューリングが苦手な人こそ、ToDoリストの作成を心がけてみてください。

そして、やるべきことが「見える化」されたら、仕事を最も効率的に片付けるための「段取り」を明確にします。**段取りの良し悪しが、仕事の質とスピードに大きく影響しま**す。リモートワークに苦戦している人は、「仕事の見える化」と「段取り」がおろそかになっているのかもしれません。

こまめに報連相をして「相談上手」になろう

連絡

関係各所に
必要な情報を知らせる

報告

自分の状況をわかりやすく
上司やリーダーに伝える

相談

困ったことがあったら
なるべく早く相談する

「相談上手」は仕事が早い!?

自分一人で解決できないことは、他人の知見に頼るのが一番。だから、誰に何を聞いたら良いか知っている「相談上手」は仕事が早いのだ。

今まで以上に「報連相」が重要に

社会人の基本である「報連相」。オフィスワークでも欠かせないものですが、**お互いの顔が見えないリモートワークにおいては、ますます重要な意味を持つ**ようになります。

リモートワーク中、上司からは部下の動きが見えないため、「ちゃんとやっているかな」「トラブルは起きていないかな」といった心配を抱きがちです。他方で、**きちんとした報連相ができれば、上**

相談上手になるには？

周囲から信頼される相談上手になるための
「相談のコツ」を解説します。

上手な相談の実践 - 01

現状をわかりやすく説明する

相談をする際には、いつどんな問題がどうして起きたのか、といった説明が必須。5W1Hで整理するなどして、わかりやすく伝えよう。

上手な相談の実践 - 02

相談相手に判断を丸投げしない

「どうすればいいですか？」と相談相手に判断を丸投げしないこと。自分の意見や考えも提示しないと、ただの指示待ちになってしまう。

上手な相談の実践 - 03

感情中心で相談しないようにする

困りごとがあると、感情的になりがちだが、相談はあくまで「事実ベース」を心がけたい。感情中心になると正しい判断を妨げることも。

司の信頼が得られ、より大きな仕事を任せてもらえるようになるでしょう。

ただし、やみくもに報連相をしても、上司や周囲の負担を増やすことに。適切なタイミングで必要な報告を行う、情報をわかりやすくまとめてから連絡する、といった気遣いが必要です。

また、**報連相の中でも特に大事なのが「相談」**。困りごとがあれば早めに相談し、タイムリーにアドバイスをもらうのが鉄則。相談上手は「デキる人」の必須条件です。

デジタル時代の
マネジメント実践

社員編
05

デジタルツールで生産性を高める

デジタルツールの役割

タスク完了の報告とフィードバックの依頼をしなきゃ
→プロジェクト管理ツール
→オンラインカレンダーツール
ここちょっと先輩に聞きたいな
→チャットツール
13時からは企画ミーティングだな
→ビデオ会議ツール
作成した資料はクラウドにアップして提出
→クラウドサービス
→オンラインドキュメントサービス

「オンライン＝オフラインの補完」の先へ

オンラインの役割は、オフラインの代替や補完であることがまだ多い。しかし、これからは「オンラインだからできる」ことも増えるだろう。

「デジタルが苦手」は通用しなくなる

　リモートワークと切っても切れない関係にあるのがデジタルツール。オフィス機能が不十分な自宅でも、デジタルツールを上手に使いこなすことができれば、生産性は著しく高まります。反面、**オフィスで活躍していた人が、デジタルツールを使いこなせないがために、生産性を下げてしまうというケース**も。

　せっかくパワフルなツールを持っていても、

デジタルツールの活用例

どんなときにデジタルツールがリモートワークに役立つのか、
ツールと活用例を紹介する。

① ちょっとした疑問、どうやって聞けばいい?

メールよりもカジュアルなコミュニケーションに向いているのがチャットツール。ちょっとした疑問の解消に便利。

ツール例

Slack　Chatwork　など

② 込み入った相談ごとはビデオ会議ツールで

込み入った相談や情報共有の際は、誤解を防ぐため、相手の顔を見ながら会話ができるビデオ会議ツールを使う。

ツール例

Zoom　Microsoft Teams　など

③ ミーティングの設定はカレンダーツールが便利

予定をカレンダーツールに入れて共有すれば、ミーティングの設定も簡単。イベント招待機能で伝達漏れも防げる。

ツール例

Google Calendar　Time Tree　など

④ 煩雑なプロジェクト管理をデジタルツールで「見える化」

個別作業が増えるため、プロジェクト進捗の見える化は必須。ツールの活用によって、管理コストの削減が可能。

ツール例

Backlog　Trello　など

それらを使いこなすスキルが未熟だと宝の持ち腐れに。そして、「機械は苦手だから」「得意な人に任せたほうが早いから」という言い訳は、これからはどんどん通用しなくなっていきます。

さらに、**似たようなツールでも、目的によって向き不向きがある**ため、各ツールに関するリテラシーを高める必要もあります。**デジタルツールは他のビジネススキルと同様に、使いこなすスキルを磨いていかなければいけない**のです。

デジタル時代の
マネジメント実践

上司編
01

対面とリモートを賢く使い分ける

対面の役割
悩みごとや健康状態など、表情や態度からの推察が必要な情報は、対面のほうが把握しやすい。

リモートの役割
短時間でもいいので、気軽に会話ができるよう心がける。経験が浅い部下ほど気にかけること。

さいきん何か悩んでませんか？
今日の進捗はどうですか？

対面とリモートは役割・機能が違う

リモートワーク中、部下の行動が見えないからといって**過剰管理に走ると、管理する側もされる側も疲れてしまいます。**

大事なのは、**対面とリモートの特性と役割の違いを知り、上手に使い分けること。**業務上の疑問にはリモートで効率的に対応し、メンタルケアは対面で向き合うなどの方法が考えられるでしょう。

人間同士の「距離」にも要注目。この「距離」は、**信**

「距離」を近く保つマネジメント

上司・部下ともに、「リモート疲れ」しないための、
マネジメントテクニックを解説。

「距離」のマネジメントの実践 - 01

部下の様子をしっかり見る

雑談の機会が激減するため、表情が暗くないか、口数が減っていないかなど、通常よりも部下の様子に気を配らないといけない。

「距離」のマネジメントの実践 - 02

「予兆」を察知する

必要なはずの報告がない、ミーティングでの発言が減っている、といった変化をトラブルの「予兆」として察知する必要がある。

「距離」のマネジメントの実践 - 03

心理的ハードルを低く保つ

リモート中も心理的ハードルを低く保つため、上司側が意識的にコンタクトを増やすなどして、気軽に相談できる雰囲気を作りたい。

頼関係に基づく「心理的距離」と、顔を合わせる頻度に基づく「物理的距離」に分類でき、2つは補完関係に。心理的距離が近ければ、物理的距離が遠くてもコミュニケーションが成立します。しかし、心理的距離が遠い場合は物理的距離の近さで補完、つまりこまめに顔を合わせる必要が出てきます。

リモートと対面を賢く使い分けながら、**部下が自己管理できるように導くのが、これからの上司に求められるマネジメント能力**なのです。

上司編
02

部下の能力によってリモートの位置づけを変える

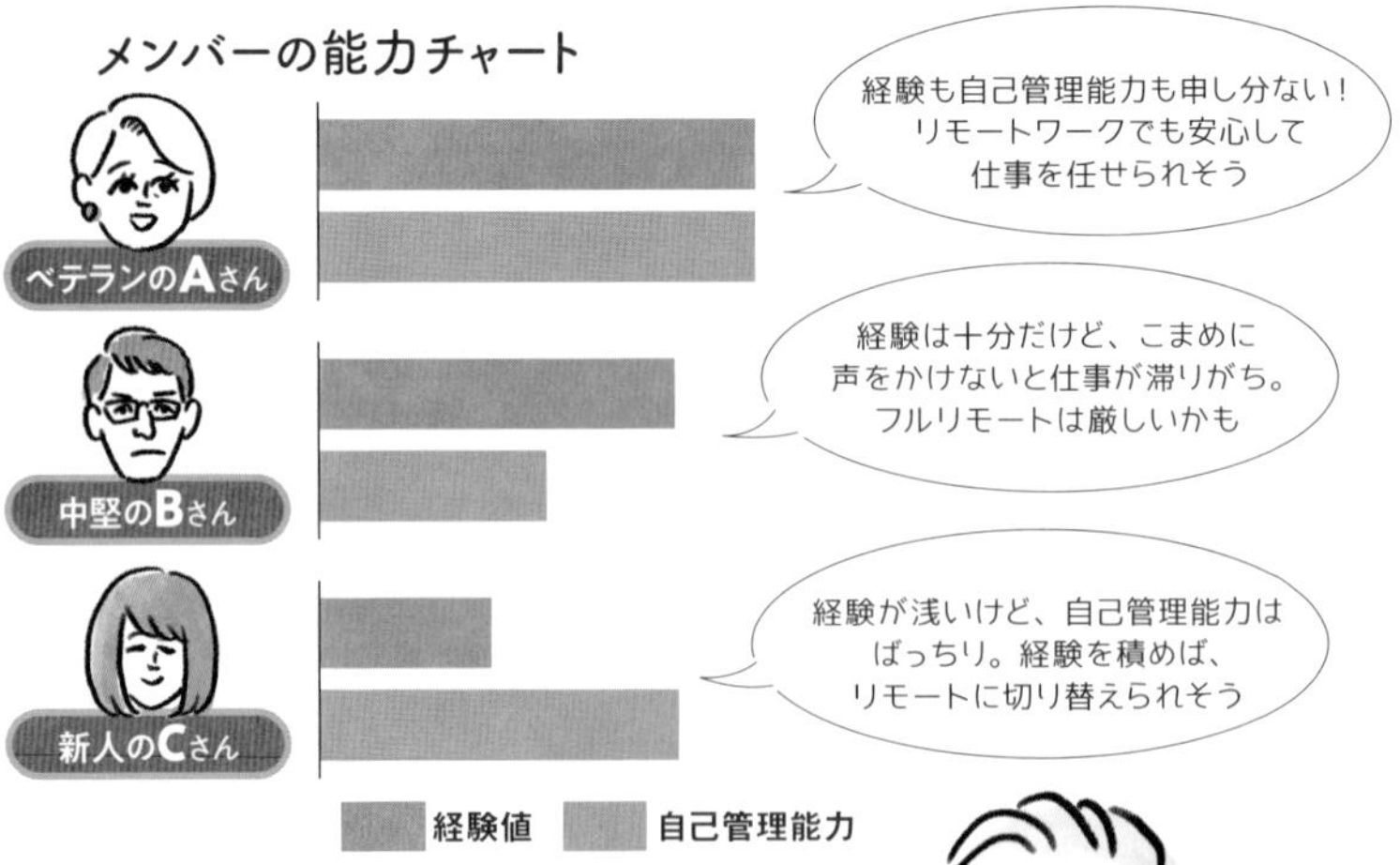
メンバーの能力チャート
経験も自己管理能力も申し分ない！
リモートワークでも安心して
仕事を任せられそう
ベテランのAさん
経験は十分だけど、こまめに
声をかけないと仕事が滞りがち。
フルリモートは厳しいかも
中堅のBさん
経験が浅いけど、自己管理能力は
ばっちり。経験を積めば、
リモートに切り替えられそう
新人のCさん
経験値
自己管理能力

リモートワークの「向き」「不向き」とは?

言われなくてもやるべきことをやる人はリモートワークに向いている。言われないとできない人、言われてもできない人は不向きである。

リモートワークの形は人それぞれ

リモートワークに向いている仕事とそうでない仕事があるように、**人間の特性として、リモートワークに対する向き・不向きがあります。**

例えば、一を聞いて十を知るようなタイプの人なら、管理や監督を受けなくても自力で仕事を進めていくことができ、リモートワークに適応できるでしょう。しかし、自己管理能力が不十分で管理・監督を必要とする人

リモートワークの比重を決めるには？

「この人はリモートワークに向いている？」
比重を決めるためのチェックポイントがこちら。

比重を決めるためのポイント - 01

部下のタイプを把握する

仕事への取り組み方が、「言われなくてもできる」タイプか「言われないとできない」「言われてもできない」タイプなのかを把握する。

比重を決めるためのポイント - 02

業務経験を考慮する

経験が浅く、わからないことが多い人は、最初はオフィスで経験を積む必要がある。仕事に慣れてきたら、タイプに合わせて比重を決める。

比重を決めるためのポイント - 03

直近のパフォーマンスをチェック

直近のパフォーマンスが優れている人は、上司との信頼関係があり、コミュニケーションもスムーズなので、比重を大きくしやすい。

は、リモートワークによって生産性を落としてしまう恐れが。

そのため**一人ひとりの特性や能力を上司が見極めて、リモートワークの比重と運用方法を考える**必要があります。経験豊富で自己管理能力も高い人はリモートワークをメインに、自己管理能力が高くても経験の浅い人は一定期間オフィスワークをメインにする、といった使い分けが必要です。また、在宅勤務をサポートしてくれるチームメンバーの存在も重要。

デジタル時代のマネジメント実践

上司編 03

明確な業務指示で「任せる力」を磨く

「任せる」仕事のアウトラインを伝える

「いつまで」「どこに提出する」「どんな形式」「完成度」といった仕事のアウトラインも伝えないと、提出日当日に想定外の成果物が上がってくる恐れも。「伝わる」コミュニケーションをしっかり意識したい。

期日
クオリティ
進行手順
業務目的
完成度
提出先
参考資料

業務

仕事を「任せる」テクニックとは？

オフィスでは部下が身近なところにいるので、様子を見ながら細かい指示を出すことができます。しかし、リモートワークになると、基本的に部下に仕事を「任せる」ことになります。そして、気持ち良く仕事を「任せる」には、テクニックが必要です。

そこで最も大事なのが、**明確でわかりやすい業務指示を心がけること**。経験が浅い部下は、曖昧な指示では動けません。そ

「任せる」力のみがき方

「任せる」ことって想像以上に難しい……。
「任せる」力をみがくための3つの心得を解説します。

「任せる」力の実践 - 01

喜んで任せる

「仕方ないから……」といやいや任せていては、部下の自信や自律性は伸びない。「あなたに任せたい」と気持ちよく任せる姿勢が大事。

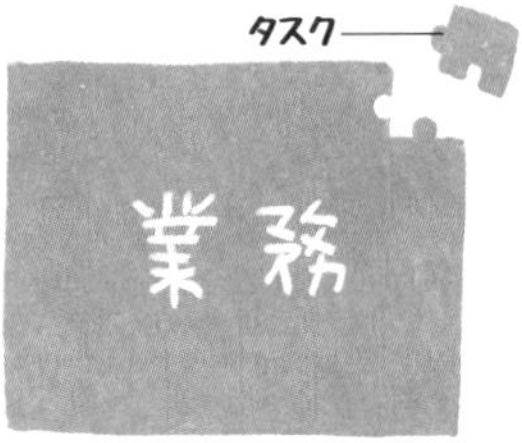

「任せる」力の実践 - 02

可能な限り業務をタスクに分解する

大まかな指示で部下の手を止めるのは、時間の無駄遣い。上司側で業務をタスクに分解し、取り掛かりやすい状態を作ってあげよう。

「任せる」力の実践 - 03

任せる範囲を決める

やる気がある部下には「任せる」範囲を大きくする。任せられたことがモチベーションに火をつけて、一層やる気を出してくれるだろう。

のため、業務をタスクレベルに分解し、部下の能力ややる気に応じて「任せる」範囲を決める必要があるのです。このように適切に仕事を「任せる」ことができれば、**部下は実績を積むとともに自信を持ち、高いレベルでの自律も可能となっていく**でしょう。

リモートに切り替わってから上手く動けていない部下に対して、「能力がない」と落胆する前に、**自分の「任せる」力に問題がなかったか、一度振り返ってみる**必要があります。

マネジメントは統率型からコーチ型へ

コーチングの3原則

コーチングをするときに守るべき3つの原則。
まずはこの3つを意識してみましょう。

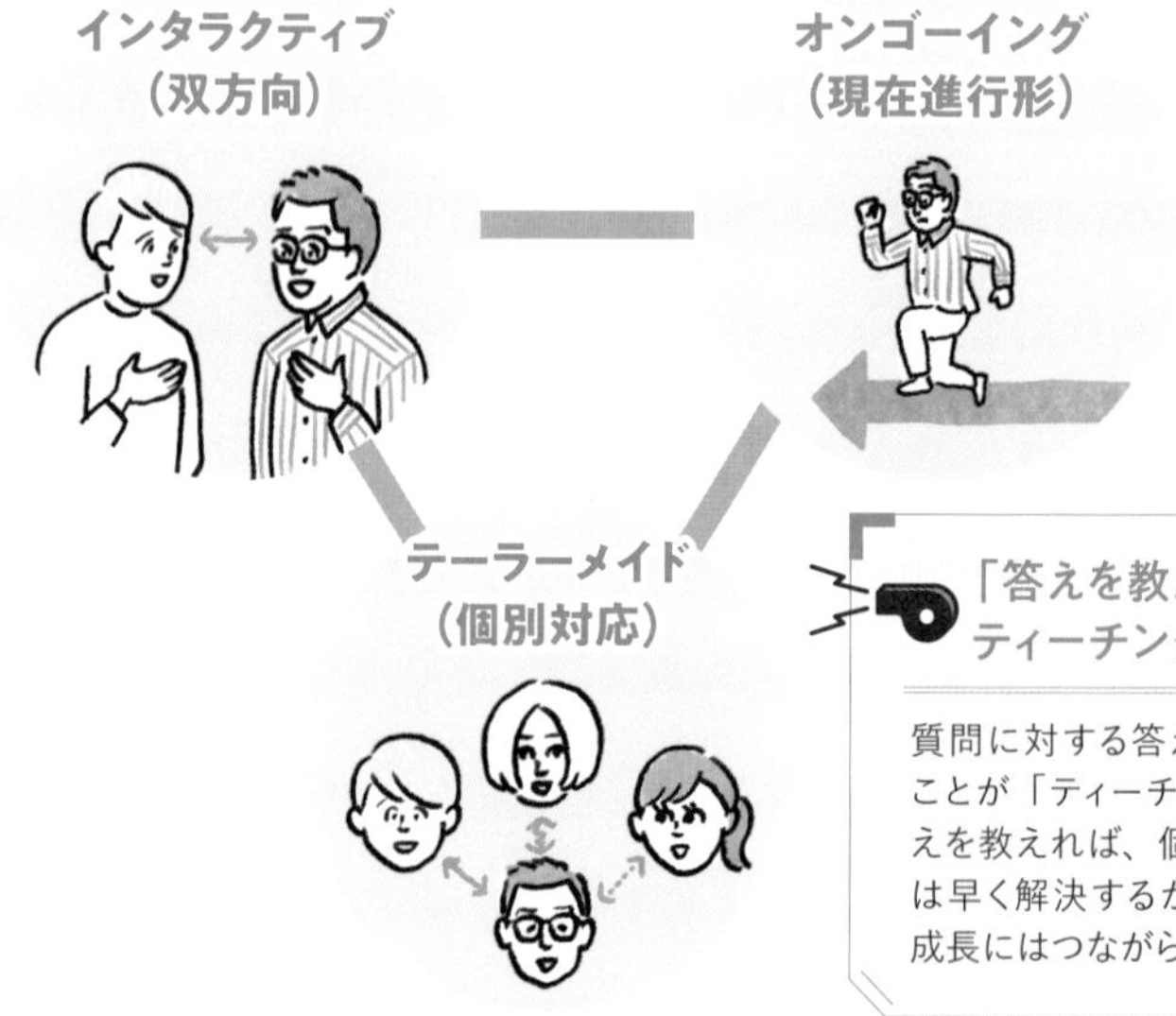
インタラクティブ
（双方向）
オンゴーイング
（現在進行形）
テーラーメイド
（個別対応）

「答えを教える」ティーチングを卒業

質問に対する答えを教えることが「ティーチング」。答えを教えれば、個別の問題は早く解決するが、部下の成長にはつながらない。

部下を〝導く〟マネジメント

　これまでは指示や命令で上司が部下を動かす「統率型マネジメント」が主流でした。しかし、部下がいちいち上司の指示を仰がないといけない**統率型マネジメントは、リモートワークにおいては非効率**です。リモートワークで部下に成果を上げさせるには、**「コーチ型マネジメント」への転換**が求められます。

　コーチ型マネジメントとは、部下が自分で考え

マネジメントに欠かせないコーチングスキル

部下の自主性や自律性を育むための、
代表的なコーチングスキルを解説します。

コーチングの実践 - 01

部下の話を傾聴する

最も大事なのが、相手の話に耳を傾けること。上司と部下の関係なら、意識的に傾聴の態度をとって、部下の話を促す。

コーチングの実践 - 02

「正解」を模索する姿勢をほめる

「正解」にたどり着いたことだけでなく、模索する姿勢を褒めることで、部下は積極的に自分の頭で物事を考えられるようになる。

コーチングの実践 - 03

短時間でも進捗レビューを行う

部下の口から進捗レビューをしてもらうことで、仕事の振り返りや現状把握ができる。ここでも傾聴の姿勢を崩さないのがポイント。

て仕事を進められるように、**上司が答えを教えずに、双方向のコミュニケーションの中で解決策を導き出す**というもの。つまり、これから部下やチームを率いていく上司はコーチングスキルを習得する必要があるのです。

仕事に手こずる部下に、効率的なやり方を教えたくなる気持ちをこらえて、何が問題なのかを粘り強く聞き出し、部下が自分で**解決のヒントを見つけられるように導くのが、リモート時代のマネジメント**なのです。

デジタル時代のマネジメント実践

上司編 05

重要なのは毎日顔を合わせること

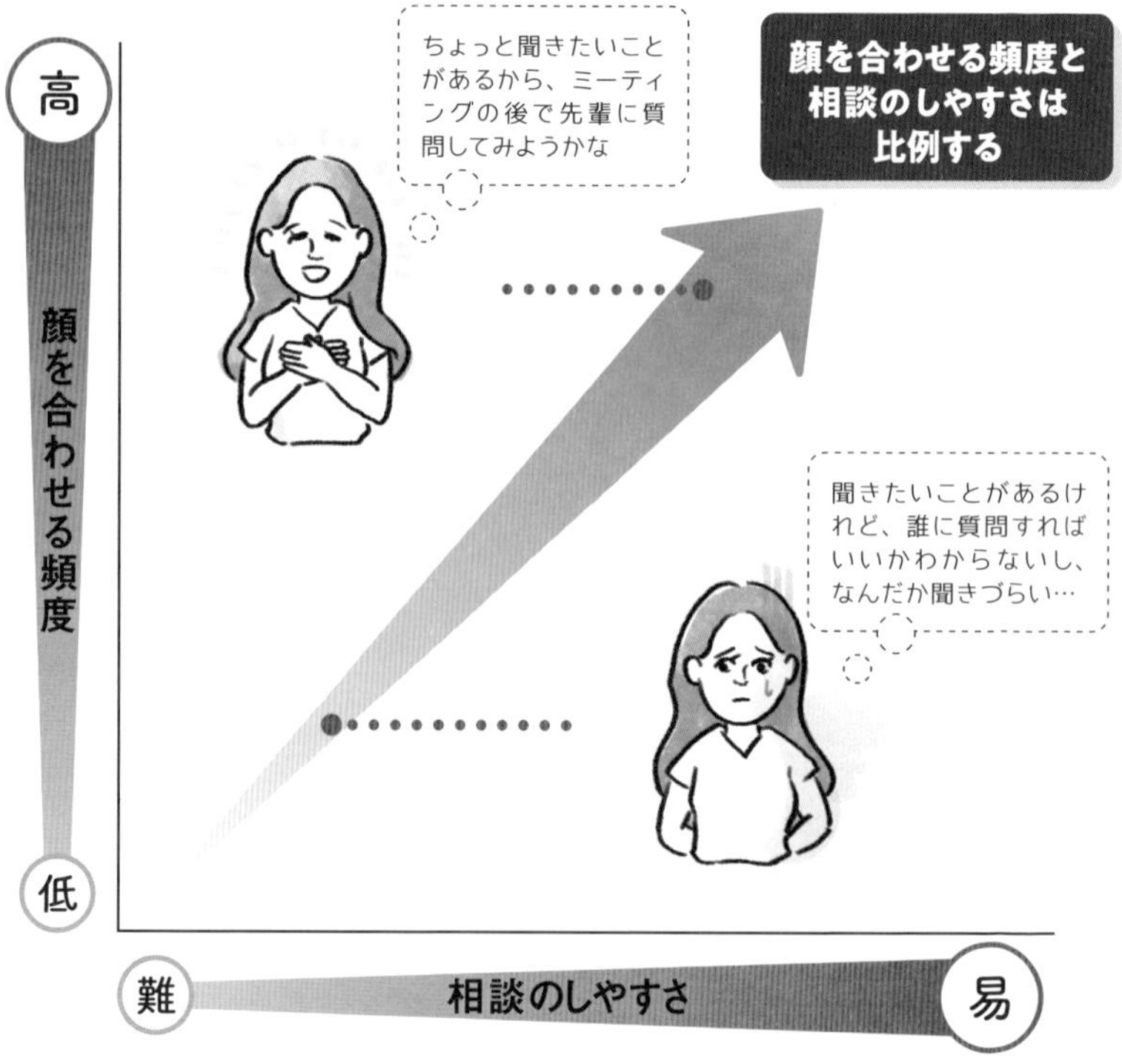
ちょっと聞きたいことがあるから、ミーティングの後で先輩に質問してみようかな
顔を合わせる頻度と相談のしやすさは比例する
高
顔を合わせる頻度
低
聞きたいことがあるけれど、誰に質問すればいいかわからないし、なんだか聞きづらい…
難
相談のしやすさ
易

毎日顔を合わせるメリットとは？

オフィスワークに比べて、リモートワークではどうしてもコミュニケーションの量が減ってしまいます。数日ほど顔を合わせないということもありえます。すると、**チームメンバー間の心理的ハードルができ、お互いに話しづらくなってしまい、さらにコミュニケーションが減る**というスパイラルに。こうした状況は生産性や創造性の低下につながるため、避けるな

毎日顔を合わせるために

それぞれの仕事がある中で、毎日顔を合わせるのは
意外と難しい。一体どうすれば?

毎日顔を合わせるために - 01

朝会や夕会を設ける

忙しいとミーティングを設定するのも一苦労。しかし、時間を決めて朝会か夕会の場を設けるようにすれば、日々のルーチンに組み込める。

毎日顔を合わせるために - 02

1回あたりの時間を短く

ミーティングの時間が長いと、他の業務の妨げになる恐れが。参加者の負担を減らすため、短時間で切り上げるのがポイント。

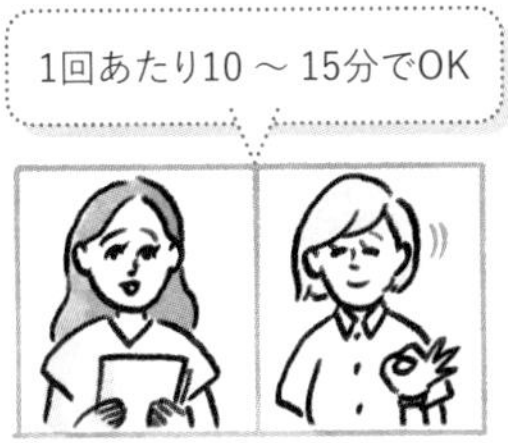

毎日顔を合わせるために - 03

チャットツールで“雑談”も

雑談用のチャットルームを作って、日常的にそこで会話を交わせる環境を作れば、「毎日顔を合わせる」のに近い効果が得られる。

ければいけません。

そのためにはテレビ会議ツールなどを使って、こまめにミーティングの場を作るのが有効。短時間でも**毎日顔を合わせれば、心理的ハードルが低くなって、**コミュニケーションがとりやすくなります。

また、毎日顔を合わせることで、部下のちょっとした変化に気づけるというメリットも。どうやって毎日顔を合わせるのか、そこで何を話し合うのかについて、きちんと考えて有意義な運用を心がけましょう。

メンター制度で分断を防ぎ、人を育てる

メンター制度あり
わからないことはメンターのAさんに聞いてみよう
もっと効率的な方法がないか相談してみよう
なんでもきいてネ〜
● 安心して仕事に集中できる
● スキル向上が早い
メンター制度なし
自分のやり方に自信がない…不安だな…
誰に質問すればいいんだろう…
● 不安や孤独を感じやすい
● スキルが向上しにくい

「分断」と「孤立」を防ぐ環境を作る

経験が豊富でセルフマネジメントもできている人はリモートワーク、経験が浅い人はオフィスワークと、**働く場所によってベテランと新人が「分断」されてしまい、なかなか人が育たない**という問題が。しかし、全員がオフィス出勤すると、リモートワークのメリットが薄れてしまいます。

この課題を解消するのに有効なのが、**経験値が高い人（メンター）と低い**

メンター制度を導入するには？

チームや部署のスキルの底上げに有効なメンター制度。
どのようにして導入すればいいのでしょうか。

メンター制度の実践 - 01

メンターは「上司」ではなく「先輩」

メンター制度の目的は、分断と孤立を防ぐこと。メンターは声のかけやすさ、本音の言いやすさを重視して選びたい。

先輩
上司
・気軽に質問できる
・本音を言いやすい
・声をかけにくい
・立場や視点が違う

メンター制度の実践 - 02

伸ばしたいスキルを考慮

誰と誰をペアにするかを決めるとき、メンターの得意分野とメンティーの伸ばしたいスキルを考慮すれば、効率的に人を育てられる。

企画力が高いAさん
ITリテラシーが高いBさん
営業に強いCさん
誰がいいかな…

メンター制度の実践 - 03

メンターにはフレキシブルな対応を依頼

必要に応じてタイムリーにアドバイスなどができる仕組みを作るため、メンターにはメンティーの状況に合わせた対応を依頼する。

ミーティング
質問への対応
こまめな声掛け

人（メンティー）とでペアを作る「メンター制度」。メンティーはわからないことがあればメンターに質問し、メンターがメンティーに仕事のコツなどをアドバイスすることで、「分断」を防げます。メンター制度は「気軽に聞ける」ことが大事なので、メンターは年次の近い先輩社員が適任。管理職である上司自らがメンターとなることは避けましょう。

　アドバイスはオンラインでも十分機能します。**部下を「孤立」させないことが重要**なのです。

デジタル時代の
マネジメント実践

新スキル
01

共有スペースや給湯室のような“インフォーマルな場”を作る

“インフォーマルな場”が持っている役割

情報交換

他部署のプロジェクトの内情や、ある業務の過去事例、気難しいクライアントの好物など、公の場では得難い情報が入手できる。

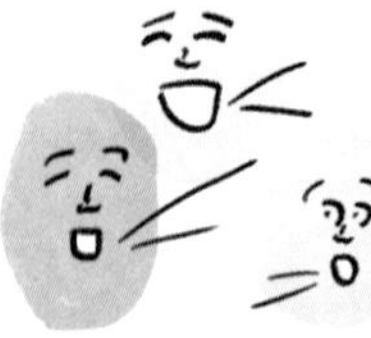

アイデア発掘

部署が違うなど、自分とは異なる視点を持った同僚との雑談が、新しい仕事のアイデアや課題解決のヒントにつながることが。

カジュアルなコミュニケーション

雑談は気分転換やストレス解消に役立つ。共有スペースや給湯室での雑談は、仕事で関わりがない人と仲良くなるチャンスにもなる。

「雑談」や「無駄話」をオンラインでも

リモートワークの普及によって失われてしまうのが、「インフォーマル・コミュニケーション」。隣席の同僚との何気ない雑談や、廊下ですれ違ったときの立ち話、給湯室での噂話といった、**オフィシャルに設けられるわけではないものの、意外と重要なコミュニケーション**のことを指します。インフォーマル・コミュニケーションは、ビジネスのヒントを見つけたり、

“インフォーマルな場”の作り方

オンラインで“インフォーマルな場”を作るには？
2つのアイデアを紹介します。

場作りの実践 - 01

オンラインランチやオンラインお茶会を実践

事前に参加者を募って、会話がしやすい人数ごとにトークルームを割り振る。飛び入り参加もできるようにしておくと、参加のハードルが低くなる。

場作りの実践 - 02

雑談用のチャットルームを作成

業務連絡が中心のチャットルームでは、雑談がしにくいため、雑談専用のルームを作る。「映画」「音楽」「漫画」と、ジャンル分けすると盛り上がりやすい。

社員間の垣根を取り払ったりするのに有効なので、これがなくなってしまうと仕事上の人間関係が無機質なものになる恐れがあります。

そのため、オンライン上でも気軽に「雑談」や「無駄話」ができるような、**インフォーマル・コミュニケーションの「場」を意図的に作る必要があるのです。**雑談用のチャットルームを作ったり、オンラインランチを企画したりと、気軽さや参加しやすさを重視するといいでしょう。

デジタル時代の
マネジメント実践

新スキル 02

オンライン会議の質を上げる“ファシリテート力”

オンライン会議は不安だらけ

オンライン会議はオフラインと別物

ビデオ会議ツールを使ったオンラインでの会議やミーティングも、一般的なものになりましたが、**オフラインでの会議と同じ感覚で参加して、議論の質を落としているケースが多く見られます。**

オフラインの会議では、みんなが同じ「場」に参加しているため、当事者意識や緊張感がありました。しかし、**オンラインではつい緊張感が薄れ、オフラインと同じ成果を期待**

オンライン会議の“ファシリテート力”とは

これから求められるようになっていく、
新しい“ファシリテート力”について解説します。

ファシリテート力の実践 - 01

ルールを作って共有する

「資料を画面共有する」「会議中のマルチタスク禁止」「発言時以外はマイクをミュート」など、会議の質を上げるためのルールを作る。

ファシリテート力の実践 - 02

リアクションは大げさに

参加者が無表情だと、議論が活性化しにくい。話に大きくうなずいたり、やや大げさに表情を作ったりすると、発言者に安心感を与える。

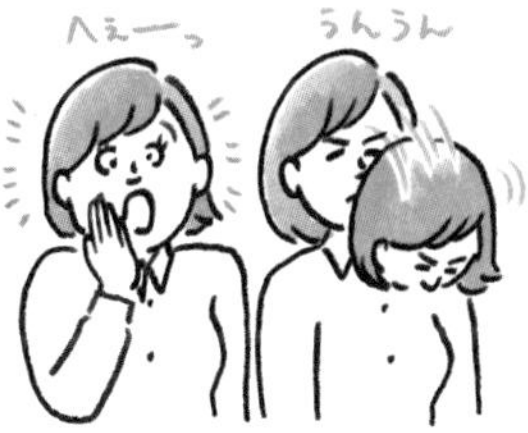

ファシリテート力の実践 - 03

議題のキーマンをおさえておく

「人事関連はAさん」「予算関係はBさん」といったように、「この話はこの人に聞けばOK」というキーマンを事前におさえておく。

するのが難しくなります。
　オンライン会議の質を上げるには、運用のためのルールを作り、それをみんなで共有・遵守することが大切です。また、司会者には、キーマンとなる人に話を振ったり、一人で長時間しゃべり続けている人を制止したりといった〝ファシリテート力〞が強く求められるようになります。参加者が会議の空気感を共有できていたオフラインと違い、**司会者が会議を上手にマネジメントする必要がある**のです。

おわりに

Epilogos

「忙しい人」が「仕事ができる人」ではない
マネジメントの極意は「引き算」にある！

あなたの周りに「忙しい、忙しい」と言いながらいつも飛び回っている人はいませんか？　もしくは、あなた自身がそうした状況になっていませんか？

忙しそうにしている人を傍から見ると、活動的、精力的でいかにも仕事ができそうな人に見えますが、実はそうではありません。「忙しい人」＝「仕事ができる人」というのは大きな誤解です。

私の友人、知人の中にも、超多忙なはずなのに、忙しさなどまったく感じさせず、大きな成果を上げている人がいます。仕事ができる人ほど涼しい顔をしている。仕事ができない人ほど「忙しい、忙しい」と追いまくられている。それが私の実感です。

その違いはどこから生まれているのでしょうか？　それこそが本書でこれまで語ってきた「マネジメント」能力の差です。

「仕事ができる人」は目標やゴールが明確で、その実現に向けて何が大事で、何が大事ではないかが見極められています。目標達成のために大切なことだけに専念し、それ以外のことは思い切って捨てています。まさに「重点思考」が実践されています。

それに対し、「仕事ができない人」はどうでもいいことに振り回されたり、大切ではないことに時間やエネルギーを奪われています。それでは成果を生み出せるはずもありません。

別の言い方をすれば、「仕事ができる人」は「引き算」が上手です。大切ではないことは思い切って捨て、仕事や生活にメリハリがついています。逆に、「仕事ができない人」は「足し算」ばかりになっています。「あれもこれも」とどんどん足してしまい、首が回らない状態を自ら招いているのです。

つまり、マネジメントの極意は「引き算」にあると言えます。有限である時間やお金、リソースを、目標達成に必要なことだけに集中させる。それこそが「いい感じ」、つまり「最適化」された状態なのです。

マネジメントはあくまでも「手段」にすぎません。でも、あなたが人生において実現したい夢や目標をお持ちなら、マネジメントという考え方やスキルを学び、磨くことはとても大切です。

本書がマネジメントを身近なものに感じてもらうきっかけとなり、豊かで幸せな人生を送る一助となれば幸いです。

遠藤　功

監修　遠藤　功（えんどう・いさお）

株式会社シナ・コーポレーション 代表取締役

早稲田大学商学部卒業。米国ボストンカレッジ経営学修士（MBA）。三菱電機、複数の外資系戦略コンサルティング会社を経て、現職。2006年から2016年まで早稲田大学ビジネススクール教授を務めた。現在は「無所属」の独立コンサルタントとして活動している。多くの企業で社外取締役、経営顧問を務め、次世代リーダー育成の企業研修にも携わっている。

株式会社良品計画社外取締役。SOMPOホールディングス株式会社社外取締役。株式会社ネクステージ社外取締役。

15万部を超えるロングセラーである『現場力を鍛える』、『見える化』（いずれも東洋経済新報社）をはじめ、『生きている会社　死んでいる会社』、『現場論』（いずれも東洋経済新報社）、『新幹線お掃除の天使たち』（あさ出版）、『ガリガリ君の秘密』（日本経済新聞出版社）など、ベストセラー書籍多数。

サクッとわかる ビジネス教養　マネジメント

2021年12月15日　初版発行
2022年 4 月15日　第 4 刷発行

監修者　遠藤　功
発行者　富永靖弘
印刷所　公和印刷株式会社

発行所　東京都台東区台東２丁目24　株式会社　新星出版社
〒110－0016　☎03(3831)0743

ISBN978-4-405-12014-3